AF130686

Doppelporträt

Agneta Pleijel

Doppelporträt

Ein Roman über Agatha Christie
und Oskar Kokoschka

Aus dem Schwedischen
von Gisela Kosubek

URACHHAUS

Die Originalausgabe erschien 2020 unter dem Titel
Dubbelporträtt bei Norstedts, Stockholm.
Die Veröffentlichung in deutscher Sprache wurde
mit Norstedts Agency vereinbart.

Die Übersetzung dieses Buches
wurde durch die freundlich gewährte Förderung
des Swedish Arts Council finanziell unterstützt.

ISBN 978-3-8251-5280-2

Erschienen 2022 im Verlag Urachhaus
www.urachhaus.com

ⓔ Auch als E-Book erhältlich

AUFWÄRMEN

London 1969, im Monat April. Dauerregen. Wolfgang Fischer lauscht dem Gemurmel seiner letzten Besucher in der Galerie Marlborough Fine Art. Dort zeigt man eine Retrospektive des betagten österreichischen Malers Oskar Kokoschka.

Der Arbeitstag nähert sich dem Ende.

Fischer raucht und sucht die Rechnungen und Korrespondenzen der Woche zusammen, als es an der Tür klopft. Ein jüngerer Mann tritt herein. Er zieht seinen Mantel aus und schüttelt ihn, ein Tropfenschauer fällt zu Boden. Er stellt sich als Mathew Prichard vor.

Er möchte den ungefähren Preis für ein Porträt seiner Großmutter erfahren, gemalt von Kokoschka. Ja, Pi mal Daumen.

Fischer hebt den Kopf angesichts der überraschenden Frage. Er antwortet, der Maler sei alt, schon 85, und nähme wohl kaum noch Bestellungen an.

Nach einem langen Leben im Exil wohne er jetzt in der Schweiz. Er reise schon bald dorthin zurück. Im Übrigen male er nicht jeden x-Beliebigen. Er habe Künstler, berühmte Ärzte, Präsidenten und Staatsoberhäupter porträtiert.

Der Besucher lässt sich im Gästestuhl nieder, schlägt in seiner durchnässten Jeans ein Bein über das andere und klingt ein wenig hochnäsig, als er entgegnet, Mrs Mallowan sei nicht irgendwer. Fischer sieht das ein. Sie ist nicht irgendwer.

Sie ist oft in den Klatschspalten der Zeitungen zu sehen, gern die Tortenschaufel schwingend oder mit einem Glas in der Hand, nachdem sie die eine oder andere Benefizveranstaltung eröffnet hat. Warum sich diese alte Unterhaltungsschriftstellerin aber von einem der gefeiertsten expressionistischen Maler der Gegenwart porträtieren lassen sollte, ist nicht ebenso selbstverständlich.

Entschuldigung, aber versteht Ihre Großmutter etwas von Malerei?

Was spielt das für eine Rolle?, erwidert Prichard. Auch ihr Gatte, Sir Max, wünscht, dass sie angesichts ihres bevorstehenden achtzigsten Geburtstages gemalt werden soll, am liebsten von Kokoschka. Sie haben beide die Ausstellung gesehen. Ziemlich crazy, sagt Prichard, aber wundervoll. Kann ich mir eine Zigarette nehmen? Sie müssen wissen, meine Großmutter ist der unkonventionellste Mensch, den man sich nur vorstellen kann.

Er lächelt und greift nach einer Zigarette aus dem Kästchen auf Fischers Schreibtisch. Fischer steht auf, gibt ihm Feuer und ist im Nachhinein etwas irritiert über sich selbst.

Warum aber gerade Kokoschka, will er wissen?

Kunst ist doch wohl eine gute Investition?

Ich verstehe, Sie sehen darin also hauptsächlich eine ökonomische Investition.

Prichard kommt auf die Füße und stellt sich an das vom Regen streifige Fenster. Geld ist nicht das Wichtige daran. Geld ist vorhanden, wenn Herr Fischer es wissen will. Im Ausstellungskatalog habe er gelesen, dass der Maler mit Gottes Auge blickt. Und dass es ihm weniger um äußere Ähnlichkeit als um geistige Übereinstimmung geht.

Sie wollen Kokoschka, weil sie Agatha unbeschreiblich gernhaben. Sie ist scheu und schweigsam. Doch ist sie ein Mensch, den man nur lieben und achten kann, und ein Dutzendporträt darf es nicht werden.

Fischer wird ein wenig ungeduldig, und es fällt ihm schwer, es zu verbergen. Ihre Großmutter, scheu und schweigsam? Ist sie nicht ständig in den Klatschspalten unterwegs? Und hat diese flinke Großmutter seit Anfang der 1920er-Jahre nicht jährlich ein Buch, manchmal sogar zwei, produziert? Inzwischen mussten es mindestens sechzig, vermutlich sogar noch mehr Kriminalromane sein. An den Mittagstischen ist ihr jüngster Mord stets unumgängliches Gesprächsthema.

Deutet das nicht auf eine unglaubliche Redseligkeit hin?

Prichard schüttelt den Kopf.

Man kann schreiben, um nicht reden zu müssen, bemerkt er. Soweit er verstanden habe, arbeite der Maler ungewöhnlich schnell. Wenn er kurz davor stand, London zu verlassen, würden drei Sitzungen vermutlich ausreichen, es wäre also kein großer Zeitverlust für ihn.

Vergessen Sie diese Idee, antwortet Fischer.

Er nimmt seinen Mantel vom Haken und hält die Tür zum Treppenhaus auf. Hinter Prichard schließt er ab und eilt dann zwischen den Fußgängern davon, wobei er sich bemüht, von Bussen und Autos nicht gänzlich vollgespritzt zu werden. An der U-Bahn spürt er Prichards Hand zögernd auf seinem Arm. Sie könnten doch wohl versprechen zu fragen? Ja, ja. Ich werde fragen. Prichards Gestalt löst sich zwischen den Regentropfen auf und ist verschwunden.

Ein typischer Aprilregen in London, anhaltend, fantasielos und wenig inspirierend.

Mathew Prichard ist 26 Jahre alt und ein etwas unsteter Student. Er nimmt den Zug und anschließend den Bus nach Torquay.

In Greenway, der Sommerresidenz seiner Großmutter am River Dart, ist er oft gewesen. Dort, an dem steilen Hang mit der überwältigenden Aussicht auf den Fluss hinab, verbrachte die Familie zahllose Urlaube und Feiertage. Ebenso im Haus Winterbrook an der Themse in Oxfordshire. Seine Großmutter hat ein Faible für Häuser.

Sie kauft eins nach dem anderen. Möbliert sie und stattet sie aus.

Ersinnt neue Milieus für Morde.

Nun ist er das erste Mal in Torquay, wo Großmutter geboren wurde. An der Bushaltestelle am Hafen sieht er sich um. Als er klein war, hatte er eine Großmutter wie jede andere Großmutter, weiche Arme, eine unaufhörliche Flut von Märchen.

Als er, erwachsen geworden, entdeckte, dass er die Großmutter mit einer Welt von Lesern teilte, wollte er mehr über sie erfahren. Er weiß, dass sie ein wildes Mädchen war. Er möchte sich gern vorstellen, dass sie gleichaltrig wären und Freunde. Er will ebenso eigensinnig sein wie sie.

Als sie 1890 geboren wurde, hieß sie Agatha Miller. Von den hoch gelegenen Hängen über dem Hafen in Torquay, Englands eigener Riviera, blickte sie auf die steilen Klippen hinab und die zahllosen Segelboote im Englischen Kanal.

Ashfield heißt die Villa, in der sie mit ihrer Familie wohnt. Wohnt? Der Besitz ist seit Langem verkauft und das Haus obendrein abgerissen und dem Erdboden gleichgemacht.

Doch wenn man auf der Jagd nach Erinnerungen ist, hält man sich im Präsenz auf.

Mathew hat die Fotoalben gründlich studiert. Ashfield war einst ein imposantes mehrstöckiges Gebäude mit hohen Fenstern. Drei Gärten gehörten zu dem Besitz. Der Rosengarten, dessen stachlige Rosen böse Augen hatten. Der freundliche Gemüsegarten, aus dem man Zwiebeln, Salat und Petersilie holte und wo

Himbeersträucher wuchsen. Und schließlich der geheime Außengarten.

Er fiel sanft zum Meer hin ab, und dort wuchsen Ahorn und Eschen. Sie bogen ihre Kronen eng zueinander und tauschten flüsternd Geheimnisse. Ein magischer Ort. Dorthin durfte sie nicht alleine gehen. Mathew klettert zu der Stelle hinauf, wo sich Ashfield einst befunden hatte.

Nichts mehr zu sehen, bis auf moderne, triste Reihenhäuser, seine Fantasie aber errichtet den Besitz aufs Neue, Stein um Stein. Er streift in der Umgebung umher. Als es dämmert, kehrt er über moosbewachsene Treppen zum Hafen zurück und lauscht dem Tosen des Meeres.

Es ist vielleicht nicht ganz üblich, dass sich junge Männer für ihre Großmütter interessieren. Seine aber ist entweder verrückt oder ungeheuer klug. Als Kind verbrachte er zahllose Stunden in ihrer Gesellschaft. Mit regelmäßigen Theaterbesuchen. Häufig waren sie gemeinsam im Kino, noch immer haben sie den gleichen Geschmack.

Fahrten nach Bayreuth, nur sie und er, um Musik zu hören. Ihr mächtiger Körper im Sessel neben ihm.

Im Laufe der Jahre hat er viele ihrer Bücher gelesen. War verblüfft, wie viel sie von seinem und dem Leben seiner Freunde verstand; es scheint keinen Altersunterschied zu geben.

Inzwischen ist die Hauptstadt *Swinging London*. Seine Freundinnen beschäftigt die *Women's liberation*. Er sympathisiert mit ihnen, meint jedoch mehr zu wissen als sie.

Dank Großmutter. Ohne Vater aufgewachsen zu sein, doch mit einer aufmerksamen Großmutter wie der seinen, kann von Vorteil sein. Er hat die Absicht, einen Film über sie zu drehen. Als er seine *kippers* in der Hafenschänke gegessen und den letzten Schluck Bier ausgetrunken hat, bleibt ihm noch Zeit für einen Spaziergang auf dem langen Pier. Hier ist sie Rollschuh gelaufen.

Hier hat ihr Freund sie geküsst.

Es weht ein scharfer Wind, und tausend Meerestropfen bedecken schon bald sein Gesicht und überzeugen ihn davon, dass die Zeit eine Chimäre ist. Seine Großmutter ist zwar in die Jahre gekommen und bewegt sich wie eine alte Bulldogge, dennoch ist sie jung. Ebenso wie Oskar Kokoschka. Er glaubt nicht, dass sich einer von ihnen älter als fünfzehn fühlt. Oder dreiundvierzig. Allerhöchstens fünfzig.

Sie tragen beide die Jugend bei sich wie in einem Korb. Als käme man von den Himbeersträuchern. Man verhält den Schritt, wählt eine Beere aus und stopft sie in den Mund. Süße am Gaumen. Im Baum sitzt ein Vogel, lauthals singend. Dann aber muss er eilen, um den Bus nicht zu verpassen.

Es ist Olda, die aufmacht, und hinter ihr ist Kokoschka zu sehen, den Gelenkschmerzen plagen. Willkommen Wolfie, immer herein!

Verflixte Kälte! Auf mageren Storchenbeinen stakst Kokoschka ins Wohnzimmer voran, mit seiner faltigen warmen Unterhose und einer Schaffelljacke militärischen Schnitts bekleidet. Schon bald sitzt Fischer auf dem Sofa und erzählt von der Woche in der Galerie, auch Mathew Prichards Besuch bleibt nicht unerwähnt.

Offen gesagt, ein ziemlich unausstehlicher junger Mann. Selbstsicher und arrogant. Verfügt aber gewiss über Geld.

Kokoschka hört zu und bricht in schallendes Gelächter aus. Die Königin des Kriminalromans malen? Haha. Das könnte man meinen lange hinausgezögerten Durchbruch in England nennen.

Olda, hast du das gehört?

Er ruft es seiner Frau zu, die in der Küche Tee bereitet. Dann schüttelt er den Kopf. Nein, nein. Undenkbar.
Sie sehnen sich nach Hause. Dort, in Montreux, hat er
jede Menge zu tun. Jeden Tag malen. Den Rasen wäs-
sern. Ins Dorf hinuntergehen, um Milch zu holen. Und
seine Erinnerungen schreiben.

Ja doch, er hat einige ihrer Detektivgeschichten gelesen. Ihr Blutdurst und ihre intrikaten Morde sind
erfrischend. Schreibt sie noch immer? Bewundernswert. Man darf nicht aufgeben. Er selbst hat nicht vor,
das zu tun.

Besonders erinnert er sich an einen ihrer Krimis,
in dem sich der Erzähler als Mörder erweist, wie hieß
der noch gleich, Olda?

Eine bemerkenswerte Auflösung des Buches. Die
Frau hat vollkommen recht; jeder x-Beliebige kann
zum Mörder werden.

Ihre Bücher, diejenigen, die er gelesen hat, sind voll
von überraschenden Schnitten und komplizierten
Kehrtwenden, die sie gut über die Bühne bringt. Das
Einzige, was ihn locken könnte, sie zum Modell zu
nehmen, ist, dass sie ungefähr in seinem Alter ist.

Nun aber möchte er einen Whisky.

Olda, die mit Teetassen erschienen ist, stellt die Flasche auf den Tisch. Fischer staunt wie stets darüber, wie gut sie aussieht. Einen Kopf größer als ihr Mann und sicher dreißig Jahre jünger. Gekleidet in schwarze Hosen und einen grauen Pullover mit eingestrickten silbrig glitzernden Fäden. Das kurz geschnittene Haar lockt sich weich um die Schläfen. Sie ist von starker Wesensart und ungemein schön.

Das kann man von ihrem Gatten kaum behaupten. Er scheint bereits knorrig geboren; das Gesicht könnte aus der Maserknolle eines Birkenstamms geschnitzt worden sein. Als der Whisky ihn erwärmt, lösen sich seine Züge zu freundlichen Runzeln. Aus diesem Ungehobelten, Rauen und Schroffen leuchtet der scharfe blaue Blick, einem Laserstrahl gleich.

Sie sind ein auffälliges Paar.

Wir könnten das Geld gebrauchen, wirft Olda ein.

Kokoschka stellt das Glas krachend auf den Tisch. Es stimmt, sie brauchen das Geld, doch die Heimreise aufschieben?

Als das Gespräch weiterläuft, packt ihn Zorn. Meinen die etwa, ich könnte das Porträt in drei Sitzungen fertigbringen?

Wolfie, bitte teile ihnen mit, dass es unmöglich ist, in so kurzer Zeit ein gutes Porträt zu schaffen. Der königliche Laffe, Lord Snowdon, behauptet sogar drei Tage zu brauchen, nur um eine *Fotografie* hinzubekommen!

Und Konrad Adenauer — Fischer erinnert sich, dass Kokoschka den ersten deutschen Bundeskanzler vor dessen Tod porträtierte — hatte darüber geklagt, dass es heutzutage üblich geworden war, dass die Maler beladen mit Kameras anrückten oder in Begleitung jeder Menge Fotografen.

Eine Degradierung der Kunst des Malens. Um zu malen, muss man ausreichend Zeit haben.

Richte ihnen das aus.

Könnten wir den Aufenthalt in London nicht ein wenig verlängern?, wirft Olda ein. Kokoschka nimmt einen weiteren Schluck Whisky und zündet sich eine Zigarette an. Richte ihnen aus, Wolfie, dass ich sehr teuer bin. Fischer erwidert, er wisse das, also wie viel wolle er haben? Der Maler bekommt einen erneuten Wutanfall. Weißt du, was dieser Aufschneider Picasso heute nimmt? Vier rasch hingeworfene Picassos kosten nach dem Tageskurs ebenso viel wie ein besserer

Rembrandt! Henry Moore lässt sich für seine Skulpturen nicht weniger bezahlen. Warum, zum Teufel, sollte ich billiger sein? Ich bin teuer, dafür schäme ich mich nicht. Aber ich produziere keinen Scheißdreck. Richte ihnen das aus.

Das wissen sie, nach allem zu urteilen, erwidert Fischer.

Ich würde gern ein Foto der Frau sehen, fährt Kokoschka fort, also ein Kindheitsbild. Wie die Dame heute aussieht, bekäme er ja mit eigenen Augen zu sehen, falls sie sich wider Erwarten begegnen sollten. Doch könne man ihm gern ein Foto von ihr als Kind bringen. Am liebsten so viel Kind wie möglich. Alles beginnt bereits beim Kind.

Das hat Fischer ihn häufig sagen hören.

Kokoschka blättert, die Zigarette im Mundwinkel, in den Kunstbüchern auf dem Sofatisch, er wirkt wie ein Lausbub und Filou. Zu seiner Zeit ein großer Frauenheld, hatte es geheißen.

Als Mathew Prichard später in der Galerie anruft, erhält er von Fischer die Antwort, dass es vielleicht nicht gänzlich unmöglich wäre.

Ließe sich vielleicht ein Kindheitsfoto auftreiben?

Als sie den geheimen Garten betraten, hielt Nursie ihre Hand mit festem Griff. Großmutter sträubte sich. Ich will alleine gehen, lass mich los!

Wollen kannst du viel, Darling.

Und du bist eine alte Hexe, Nursie!

Das hat sie Mathew erzählt. Sie war drei Jahre alt, und ihre großen Zehen zeigten direkt zueinander. Ununterbrochen stolperte sie darüber. Sie lebte in ihren Fantasien, unter Küchlein, Hexen und Prinzessinnen. Dann wurde sie vier und verliebte sich zum ersten Mal und gleich über beide Ohren. In einen Freund ihres Bruders Monty.

Nursie hatte sie an der Tür zur Bibliothek abgegeben, wo die Erwachsenen saßen. Sie brauchte nur einen Blick auf ihn zu werfen, auf seine goldfarbenen Locken und seine schmalen weißen Hände – ein Prinz –, und die Verliebtheit schlug ein wie ein Blitz. Und ließ sie sich ihrer selbst quälend bewusst werden.

Sie musste aufpassen, am Esstisch nicht neben ihm zu landen. Wenn sie ihn am Hausgiebel erblickte, ergriff sie die Flucht. Bei den Himbeersträuchern machte sie halt und wandte sich zurück, um ihn in Ruhe betrachten zu können. Als er abfahren sollte und erschien, um sich zu verabschieden, war sie nicht da.

Man musste nach ihr suchen und rufen. Vergeblich. Sie versteckte sich im Gras, weit weg von den Augen der Rosen. Was unterschied Jungen von Mädchen? Die Kleidung natürlich. Was befand sich unter den Kleidern des Liebsten? Das beschäftigte sie, wie auch die Gedanken darüber, was ein Mädchen ist, obgleich sie noch nichts von dem weiß, was, wie sich später herausstellen soll, zu betörenden Schauern führt. Als sie das sagt, zwinkert Großmutter Mathew vielsagend zu, doch da ist er bereits erwachsen.

Er hat die Geschichte dieser Verliebtheit oft gehört.

Sie hatte die Rufe sehr wohl vernommen, blieb jedoch reglos und still rücklings im Gras liegen. Wo in aller Welt hast du nur gesteckt, wollte Nursie später wissen. Man muss nicht auf alle Fragen antworten. Sie zuckte mit den Schultern und schwieg.

Als sie fünf Jahre alt wurde, bekam sie zum Geburtstag einen Welpen geschenkt. Wie hatte sie sich nach einem Hund gesehnt! Mit weichem Fell. Rauer Zunge. Mit Gekläff und flinken Pfoten. Ihr Vater stand auf der Schwelle des Zimmers, das sie sich mit Nursie teilte, und hielt das Hündchen an der Leine. Ein Yorkshireterrier!

Wieder das Gleiche, ein Blitz durchfuhr sie von der Haarschleife bis zu den Fußsohlen. Diese schwindelerregende Verliebtheit. Die Freude ist viel zu groß. Sie überwältigt sie, und sie ist den Tränen nahe. Voller Panik muss sie aus dem Zimmer stürzen, sich auf die Hintertreppe des Hauses setzen und die Schürze über den Kopf ziehen.

Ihr Vater mit dem Hund an der Leine hinterher.

Agatha, wir dachten, du solltest einen Spielkameraden haben. Willst du ihn denn nicht?

Schweigen.

Antworte, Agatha.

Klar will ich ihn haben (dumpf durch den Schürzenstoff).

Wie soll er denn heißen?

Langes Schweigen.

Er heißt Tony.

Aha, *alright*. Willst du dich dann nicht mit Tony bekanntmachen?

Sie umkreiste den Hund auf dem Kies vor der Treppe. So hat sie es in Erinnerung und erzählt es. Wie heftig ihr das Herz klopfte! Sie schluchzte, Papa hielt ihr die Leine hin, und Tony hüpfte an ihr hoch. Erst nach vielen Sprüngen wagte sie, sich hinzuhocken und ihn in die Arme zu schließen. Man muss sich langsam gewöhnen, um vor so viel Freude nicht tot umzufallen. Das Hündchen bekommt schon bald einen prächtigeren Namen: George Washington. Im Alltag aber bleibt er Tony.

Großmutter und er werden unzertrennlich. Nachdem das Hündchen bei ihr eingezogen ist, muss Nursie ausziehen. Da ist Großmutter fast sieben. Es stimmt, dass sie keine Spielkameraden hat, und deshalb bekommt sie einen Hund.

Sie war ein einsames Kind, obgleich sie zwei ältere Geschwister hatte.

Doch Madge ging, außer zu Bällen, mit anderen großen Mädchen in London zur Schule. Monty war ungefähr ebenso alt und ging in eine Schule für Jungen, danach sollte er zum Militär. Zu Weihnachten und in den Sommerferien kamen beide heim und foppten ihre kleine Schwester, bevor sie losstürmten, um ihre Freunde in Torquay zu treffen und Tee zu trinken, Tennis zu spielen, zu tanzen und zu flirten. Fühlte sie sich einsam?

Aber nein, niemals. Sie hat einen ganz eigenen Sinn; sie schließt die Augen und öffnet eine kleine Luke im Kopf, und aus dieser treten ganze Gefolge heraus. Katzenmütter und Katzenjunge. Mädchen, manche reich und hochnäsig, andere arm und in Lumpen gekleidet. Sie redet ununterbrochen mit der Katzenfamilie, mit der Mädchenkolonie und all den anderen Geschöpfen. Sie war nicht allein.

Du verstehst, Mathew, sagt sie, man ist nie allein, wenn man es nicht will.

Doch tief im Inneren war sie scheu; was sie sich am meisten wünschte, lähmte sie. Dennoch sorgte sie stets dafür, dass sie bekam, was sie wollte. Es ist ein Charakterzug, den Mathew schon früh bemerkte. Man tut einfach, was man will, sagt sie, man braucht nicht zu fragen. Für Großmutter steht das Leben niemals still.

Mathew behält das, was sie gesagt hat, im Gedächtnis.

Als Großmutter anfing, ihm Märchen zu erzählen, war er noch klein. Er schaukelte auf ihrem Schoß wie in einem Vogelnest im Sturm. Sie schüttelte ihn wie bei einem heftigen Orkan, bis er vor Lachen fast erstickte.

Ihre unsichtbaren Freunde blieben ihr jahrelang erhalten. Als sie sieben war, erlaubte man ihr, begleitet von Tony, durch die Gattertür in den dritten Garten hinauszugehen. Sie lag im Gras, und ihr Blick verlor sich in den schaukelnden Baumkronen, während Tony die Maulwürfe ankläffte. Keiner konnte wissen, von wie vielen Geschöpfen der geheime Garten bevölkert war.

Indische Prinzessinnen. Edelleute aus weit entfernten Schlössern. Vagabunden aus den Wäldern. Schottische Ritter. Tanzende Bären. Böse Feen und Wahrsager. Und Maharadschas, britische Generäle und Kapitäne mit Karten und Feldstechern. Unsittliche Weibsbilder und Londons Bettelkinder.

Alle, die ihr in Büchern begegnet waren, die ihr nicht erlaubt waren zu lesen.

Ihre Mutter Clara, sie nannten sie Clarissa, vertrat die Auffassung, dass das Kind, das zuletzt gekommene, nicht zu früh in die Schule gehen und lesen lernen sollte. Stattdessen erzählte Clarissa ihr Märchen, die sie selbst erfand.

Sie waren unendlich und führten nirgendwohin. Am Abend darauf, wenn sie wissen wollte, wie die Sache ausging, hatte Clarissa das Ganze vergessen und fing mit einer neuen endlosen Geschichte an.

Kein Ende, nur verschlungene Wege in neue schauerliche Abenteuer. Sie erinnert sich, erzählt sie Mathew, wie schrecklich sie waren. Furchterregend. Sie lernte, dass Geschichten eine Sache sind, die Wirklichkeit aber eine ganz andere ist. Das musst du wissen, Mathew. Märchen sind nicht dasselbe wie das, was in Wirklichkeit geschieht.

Clarissa, Agathas tote Mutter, war ein unruhiger Geist. Sie konnte in die Zukunft schauen. Sie verließ die anglikanische Kirche, um Anhängerin des Zoroaster zu werden, dann Buddhas, danach des Spiritismus und der Theosophie. Agathas Vater Fred fiel es schwer, all den Wendungen zu folgen, doch mischte er sich klugerweise nicht ein.

Er war in Amerika geboren, war stets freundlich, zuvorkommend und ebenso faul.

Nachdem er beschlossen hatte, nach England zu ziehen, zu heiraten und von den Erträgen eines geerbten New Yorker Mietshauses zu leben, verbrachte er seine Tage im Club. Morgens nahm er eine Droschke dahin. Dort las er Zeitungen und konversierte mit den Herren. Später am Nachmittag nahm er wieder eine Droschke heim.

Ansonsten erwarb er Antiquitäten.

Marmorstatuetten, silberne Taschenuhren, Kleiderschränke aus Eichenholz, mittelalterliche Stühle und vor allem Bücher, gebunden in Leder. Oftmals, nachdem sie von sich aus lesen gelernt hatte, schlich sie sich in seine Bibliothek. Während Tony am Fußende des Bettes in Hundeträumen winselte und jaulte, las sie ohne Unterlass.

Keltische Sagen. *Alice im Wunderland*. Conan Doyle, sie liebte den *Hund von Baskerville*. Shakespeare, natürlich. Jane Austen. Sir Walter Scott. Und nicht zuletzt Charles Dickens aus Papas Büchersammlung.

Großmutter meint, das Beste, was man einem Kind geben könne, sei eine glückliche Kindheit. Sie habe eine unbeschreiblich glückliche Kindheit gehabt, versichert sie. Auch ihrem einsamen Enkel will sie eine solche geben.

Mathew ist sich als Erwachsener nicht völlig sicher, ob er alle Details aus der Jugend seiner Großmutter an der richtigen Stelle einordnet.

Als er zehn oder elf ist, überschreibt sie ihm die Einnahmen für ihr Stück *Die Mausefalle*, das 1952 Premiere hatte. Seitdem ist es fast siebzehn Jahre lang vor vollem Haus gelaufen, ein Rekord in der Theatergeschichte. Wenn das so weitergeht, wird *Die Mausefalle* ihn versorgen.

Er selbst will Filme machen und Bilder malen.

Großmutter arbeitet ununterbrochen am nächsten Kriminalroman, doch jedes Mal, wenn er sie besucht, wird ihr Herz weich und sie nimmt sich Zeit. Wie läuft das Studium? Wie steht's mit der Freundin? Habt ihr Verhütungsmittel?

Doch als er erzählt, dass Max und er angesichts ihres achtzigsten Geburtstags ein Porträt von ihr haben wollen, schüttelt sie heftig den Kopf.

Auf keinen Fall, Mathew!

Ihr ist fast so, als wollten sie einen Sarg für sie bestellen. Ich habe es immer gehasst, vorgezeigt und fotografiert zu werden. Ich mag die Blicke anderer nicht. Gemalt wurde ich Gott sei Dank nie, außer dem einen Mal, als ich noch jung und schön war. Schlag dir das aus dem Kopf, Mathew.

Sie klingt äußerst entschieden.

Mit einem Messer pult Mathew ein Kinderfoto aus Großmutters Album und nimmt es zu Wolfgang Fischer mit. Als der Maler das nächste Mal in der Galerie vorbeischaut, übergibt Fischer ihm die Aufnahme.

Kokoschka steckt sich eine Zigarette an und legt das Foto auf den Tisch.

Er zieht sein Jackett aus und betrachtet das Bild.

Er studiert es lange und aufmerksam. Ein kleines blondes Mädchen auf einem Sofa. Fünf oder sechs Jahre alt. Korkenzieherlocken. Spitzenkragen überm Kleid. Die Hände auf dem Schoß sittsam gefaltet. Höchst konventionell. Wenn der Blick nicht wäre. Die Augenlider sind halb über die Pupillen gesenkt.

Der Blick ist nach innen gerichtet und zugleich beinahe quälend wachsam. Nichts kann ihm entgehen.

Als schaue das Mädchen in sich selbst hinein und halte zugleich die Außenwelt unbarmherzig unter Beobachtung.

Ein Doppelblick.

Ihm ist, als stürze er haltlos durch die Zeit.

Das Kind musste sich noch in der gealterten Frau befinden. Vorsichtig legt er das Foto in seine Brieftasche. Die Aufnahme ist entscheidend für seinen Entschluss. Er verhandelt hin und her, über Fischer auch mit Max Mallowan, bevor sie sich über die Bedingungen einig sind. Es wird ein guter Preis.

Er will mindestens sechs Sitzungen haben, keinesfalls aber mehr.

Weitere verkraftet er nicht.

ERSTE SITZUNG

Daheim am Küchentisch in der Wohnung in Chelsea haben Mrs und Mr Mallowan über das Porträt diskutiert. Zunächst nicht wenig aufgeregt.

Nein, Max. Ich hasse den Gedanken.

Man wird dich würdigen, wenn du achtzig wirst, ob du es willst oder nicht, Agatha. Lass das Porträt einen Teil der Aufmerksamkeit auf sich ziehen.

Ich kenne Kokoschka nicht.

Habe seine Gemälde nicht gesehen.

Die Ausstellung ist inzwischen abgehängt, aber Max versichert, dass Kokoschka einer der bedeutendsten Maler der Gegenwart ist und dass er ein interessantes Leben geführt hat. Er ist viel gereist. War vor Hitler nach Prag geflohen. Und lebte während des Krieges als Flüchtling in England. Womöglich ist er noch immer britischer Staatsbürger.

Doch sechs lange Treffen, Max. Worüber, zum Kuckuck, sollen wir reden?

Frag ihn nach Alma Mahler.

Gustav Mahlers Frau? Weshalb sollte ich das tun?

Er soll ihr Liebhaber gewesen sein.

Bleib zur Abwechslung mal ernst, Max!

Genau so aber ist es gewesen. Das hat Max gehört; es ist Teil der Kulturgeschichte. Agatha schweigt. Zwei so hartnäckigen Menschen wie Max und Mathew zu widerstehen, ist nicht leicht. Die Entscheidung fällt. Also gut, sie ist einverstanden. Wenn auch äußerst verärgert, nicht zuletzt über die eigene Nachgiebigkeit. Was soll's, auch sechs Treffen gehen vorüber. Und sie hat nicht vor, den Mund aufzumachen.

Der April wird zu Mai. Strahlendes Wetter. Mrs Kokoschka steigt aus dem Wagen; in einer Hand trägt sie den Malkasten mit Farben, Pinseln und Terpentin; auch die Whiskyflasche und Zigaretten sind darin enthalten. Unter den anderen Arm klemmt sie sich die Leinwand. Anschließend ist der Fahrer ihrem Mann behilflich.

Auch aus einem geräumigen Londoner Taxi ist es nicht gerade leicht, einen steifen Herrn hinauszubugsieren, der seine zusammenklappbare, an eine Spinne erinnernde Staffelei, die hektisch mit Schnur umwickelt wurde, nicht aus den Händen gibt. Das kostet Zeit, Olda aber ist geduldig und daran gewöhnt.

Sir Max öffnet die Tür. Sein runder Körper steckt in einem braunen Tweed-Sakko und Knickerbockern, und er ist von überschwänglicher Herzlichkeit. Seine Frau ruhe sich aus, werde jedoch gleich kommen, teilt er mit. Er fasst Olda beim Arm und zieht sie hinein.

Sie aber wehrt ab; sie müsse leider gehen.

In ihrem hellen Frühlingsmantel eilt Olda mit langen Schritten zwischen den Fußgängern davon. Man könnte meinen, nun habe sie für die nächsten Stunden einen Babysitter bekommen, doch würde sie es nicht so sagen. Niemals zu ihm. Sie ist froh darüber, etwas Zeit zu haben, um durch die Buchhandlungen zu streifen. Die Blätter an den Bäumen sind ausgetrieben; London wird bald in Grün ertrinken. Sie sieht ihr Spiegelbild in den Schaufenstern und lächelt.

Die Diele ist derart vollgepfropft, dass es nicht leicht ist, sich einen Weg zu bahnen: eine riesige Anzahl Schirme verschiedenster Farbe, mindestens ebenso viele Spazierstöcke, Spielzeugtiere und bunte

Puppen — Harlekine und Pulcinellas —, an Wandhaken hängend. Und hinter einem bauschigen Vorhang eine gewaltige Menge von Herren- und Damenmänteln.

Mallowan ist Museumsangestellter und Professor der Archäologie an der Londoner Universität. Kokoschka hat einige seiner Artikel gelesen: Archäologie interessiert ihn seit seiner Jugend in Wien. Mallowans Verbindung mit Agatha Christie hingegen war ihm nicht bekannt; darüber hatte ihn Olda aufklären müssen.

Die Wände der Bibliothek sind mit Büchern und tristen Gemälden bedeckt, sowie mit Regalen voller Gefäße und Skulpturen. Auf der Suche nach der Menschheitsgeschichte hat Mallowan nicht nur in Ur gegraben, der Stadt, in der, dem Vernehmen nach, Urvater Abraham das Licht der Welt erblickt hatte, sondern auch andernorts im Irak und in Syrien, etwa in Nimrud.

Hier ist ein Krug aus Chaldäa, bemerkenswert, sehen Sie nur!

Schwer zu datieren, doch absolut vorgeschichtlich, das heißt vor der Schrift. Sagen wir fünftausend Jahre vor unserer Zeitrechnung. Zeit spielt keine Rolle;

die Menschen sind stets gleich gewesen, eitel, macht-
geil und verlogen. Mallowan ist direkt, humorvoll und
sarkastisch.

Er führt Kokoschka eine Treppe hinauf zu dem Zimmer, das zum Maleratelier werden soll. Bücherrega-
le, Schränke, ein Tisch und ein Fenster, das auf einen
Hinterhof hinausweist, der an einen Park erinnert.
Die Herren liegen auf den Knien, um die Spinnenbei-
ne der Staffelei von den verhedderten Schnüren zu befreien. Dann platziert Kokoschka den Malkasten auf
dem Tisch und stellt den Whisky bereit. Mallowan lächelt und holt Gläser aus dem Schrank.

Sie nehmen Platz und unterhalten sich, wie es Herren ihrer Generation gern tun, darüber, wie sie den
Krieg verbracht haben. Mallowan war als Nachrich-
tenoffizier in Ägypten und konnte mehrere Jahre lang
nicht zu seiner Frau heimfahren, das war belastend.
Kokoschka war, als der Krieg ausbrach, in England ge-
landet, auf der Flucht aus der Tschechoslowakei. Sie
kommen gut miteinander aus. Sie rauchen, Kokoschka seine Zigaretten und Mallowan seine Pfeife.

Agatha ruht sich nicht aus; sie durchwühlt ihre Garderobe. Hier ein Kleid aus Indien, wallender rosa Stoff. Von dem hatte Max gesagt, sie sähe darin aus wie eine *memsahib*. Sie wirft es irritiert beiseite. Betrachtet sich im Spiegel, die Runzeln an den Wangen, die Leberflecke und die immer deutlichere Ähnlichkeit des Halses mit dem eines Truthahns.

Gemalt zu werden ist unangenehm. Sie ist dick. Und nicht gerade wenig.

Im Normalfall macht das nichts. Doch haben ihr die Blicke anderer stets zugesetzt, und das bereits lange bevor das Alter sein Zerstörungswerk begann.

Sie hat überlebt, indem sie schwieg und anderen zuhörte.

Wenn sie ein Buch beendet hat, wimmelt es in ihrem Kopf sofort von neuen Ränkespielen. Sie lauscht den Stimmen, in sich und außerhalb. Dinge geschehen. Unbekannte Gestalten tauchen auf. Ein steinreicher Millionär mit Verbindungen in zahllose Länder. Eine hypochondrische Aktrice mit unterschiedlichen Liebhabern. Ein Diplomat, ein Handelsreisender, ein weibliches Medium, ein Apotheker oder ein Landstreicher, der den Inhaber eines Drugstores erschlägt.

Journalisten fragen unaufhörlich, woher sie ihre Ideen nimmt.

Aus Harrods Warenmagazinen, erwidert sie kurz.

Haben Sie für Ihre Gestalten Vorlagen in der Wirklichkeit?

Oh, nein. Sie verlangen, geschrieben zu werden. Häufig sind Geld und Geltungsdrang die Triebkräfte für Mord. Erbschaften und Geschäfte. Aber auch Eifersucht, Rachsucht und verletzte Eitelkeit.

Es fällt ihr schwer, jene ums Leben zu bringen, für die sie Sympathie empfindet. Eine Schwäche. Andererseits hat sie, was den Menschen anbelangt, nur wenig Illusionen.

Menschen und ihre Taten, nicht zuletzt die gemeinen und perfiden, sprechen sie an. Was die äußeren Gegebenheiten angeht, muss man genau sein. Schreibt man über die Sphinx oder den Orientexpress, ist Exaktheit vonnöten.

Der Leser ist wichtig.

Sie weiß nicht, wer er oder sie ist, doch geht es um eine Art Zusammenarbeit. Der Leser erwartet ein Rätsel. In dem Punkt ist sie ehrlich. Und altmodisch. Alle Spuren sind im Text angelegt. Doch sie muss den Leser auf eine falsche Fährte lenken. Er oder sie muss überrumpelt werden.

Jetzt haben Sie mich wieder zum Narren gehalten, Mrs Christie! Autor und Leser spielen Katz und Maus. Der Leser versucht, den Autor zu durchschauen; sie hat die Aufgabe, den Leser zu überlisten. Was hat ein Zeuge zum Beispiel wirklich gesehen? Schon früh im Leben hat sie die Blindheit der Menschen bemerkt.

Die Zeugen sehen meist nicht die Wirklichkeit, sondern ihre eigene Vorstellung derselben. Wenn sie über eine Fähigkeit verfügt, dann ist es die, in die Irre zu führen. Sich das nützlich zu machen, was Menschen nicht beachten, obgleich es direkt vor ihrer Nase liegt. Nichts ist so faszinierend, findet sie, wie dem Leser zu zeigen, wie blind der Mensch ist, wie wenig er sieht.

Sie probiert eine grüne Kostümjacke an, in der sie wie eine übergewichtige Volksschullehrerin wirkt. Sie stößt eine Reihe saftiger Flüche aus, auf ihren Mann und ihren Enkel, bevor sie das rosafarbene Kleid aus Indien anzieht und sich in den Sitzungsraum begibt. Sie wird, sagt sie sich, einfach ein Motiv sein, ungefähr wie der Eiffelturm oder die St. Pauls Cathedral, und so die Sache hinter sich bringen.

Das Zimmer ist voller Tabakrauch. Kokoschka kommt auf die Beine, beugt sich über Mrs Christies Hand und küsst sie. Sie findet das lustig, doch schließlich stammt er ja aus Osteuropa. Mrs Christie ist von hoher Statur, registriert er, und sie ist in etwas eingewickelt, das einem hellroten Tischtuch gleicht.

Leicht schnaufend nimmt sie im Armsessel Platz.

Sei nun ein liebes Mädchen, es tut nicht weh. Max streichelt ihr liebevoll die Wange und lässt die beiden allein.

Kokoschka setzt sich an die Staffelei vor ihr. Sie nimmt seine hagere Gestalt in Augenschein. Beide betrachten einander und sagen eine Zeit lang nichts.

Mrs Christie, beginnt er dann freundlich.

Mr Kokoschka, erwidert sie, das Gesicht leicht verziehend.

Sie glauben doch wohl nicht, dass unsere Begegnung ein Zufall ist, sagt er.

Natürlich ist sie Zufall, erwidert sie. Sie haben eine Bestellung erhalten, und der sind Sie nachgekommen. Ich bin nicht sonderlich entzückt, am besten, das gleich zuzugeben.

Er steht auf und schiebt die Staffelei ein wenig rastlos umher. Dann nimmt er eine zusammengefaltete gestreifte Schürze aus dem Malkasten und bindet sie sich um. Das lässt ihn wie eine magere Köchin aussehen. Sein Gesicht erinnert an das eines alten Indianers. Wie jemand, den Karl May beschrieben hat. Winnetou, vermutlich.

Ich glaube, dass wir den Zufall oft überschätzen, fährt er fort. In Wahrheit hängt alles voneinander ab und mit dem zusammen, was zuvor geschehen ist, all das bestimmt die Zukunft. Wollen wir uns nicht ein wenig bekannt machen, Mrs Christie, bevor wir mit der Arbeit beginnen?

Ich dachte, ich soll nur still dasitzen und nichts sagen.

Sie können, wann immer Sie wollen, Ihre Haltung ändern. Es ist einfach schön, wenn Sie reden.

Und worüber, Mr Kokoschka?

Über irgendetwas, was Ihnen einfällt.

Mir fällt nichts ein. Ich mag es nicht, gemalt zu werden. Punkt. Was das Reden angeht, bin ich leider nicht berauschend. Reden Sie jedoch gern selbst.

Kokoschka zündet sich eine Zigarette an. Er streckt ihr das Whiskyglas hin. Sie schüttelt den Kopf. Sie hat nie gelernt, Whisky zu trinken, obwohl sie es versucht hat. Ihr ist es auch nie gelungen, rauchen zu lernen.

Haben Sie es wirklich versucht?

Ich habe es wirklich versucht. Aber trinken Sie nur. Rauchen Sie. Und reden Sie, so viel Sie wollen. Mir selbst fallen nur selten Gesprächsthemen ein.

Kokoschka bricht in Gelächter aus.

Lassen Sie uns über den Tod, die Liebe und die Kunst reden, schlägt er vor, in beliebiger Reihenfolge.

Mrs Christie verzieht ein wenig den Mund. Mein Enkelsohn Mathew behauptet, Sie malen Charaktere. Das klingt gruselig. Ich selbst habe Ihre Gemälde leider nicht gesehen.

Kokoschka wühlt im Malkasten und findet das Kinderfoto, das er von Fischer bekommen hat, und hält es ihr hin. Sie beugt sich im Sessel vor, um es zu betrachten, und runzelt die Stirn. Dann schüttelt sie missmutig den Kopf.

Ja, das bin ich. Vor sehr langer Zeit. Ersparen Sie es uns, vom Tod zu reden.

Dann nehmen wir die Kunst, Mrs Christie. Wer sind Sie als Künstlerin?

Mrs Christie seufzt. Es ist mir zutiefst peinlich, Mr Kokoschka, dass mein Mann und mein Enkel uns zu dieser Sache überredet haben. Ich war vehement dagegen. Ich schreibe einfache Krimis. Meine Schwiegermutter, also meine erste Schwiegermutter, fand das unanständig. Schreib stattdessen Biografien über berühmte Männer, erklärte sie. Das wäre passender für eine Frau, meinte sie. Puh.

Wer sollte Künstler sein, wenn nicht Sie, Mrs Christie?

Kokoschka betrachtet sie vom Stuhl aus, ein Bein über das andere geschlagen.

Künstler? Das klingt anspruchsvoll, entgegnet Mrs Christie. Ich nehme an, Sie sind es, Mr Kokoschka. Und Samuel Beckett, James Joyce, Marcel Proust und Virginia Woolf. Sie alle sind bewundernswert, ich habe sie gelesen. Ich habe auch einige von Becketts Stücken gesehen. Dazusitzen, mit Sand bis zum Hals, und Kommentare über das Nichts abzugeben. Gut und tiefsinnig und nichts für mich. Ich habe das einzige getan, was ich konnte, ich habe Geschichten über Menschen erzählt.

Das Schreiben hat mir Ruhe verschafft.

Kokoschka fallen ihre Hände auf. Die Finger der rechten Hand trommeln auf der Armlehne des Sessels, lebhaft und ein wenig außer Takt. Sie scheint es selbst nicht zu bemerken, doch spiegelt sich Irritation darin wider. Die Bewegung fasziniert ihn.

Dann nehmen wir die Liebe, Mrs Christie, fährt er fort. Wann war das Mädchen auf dem Foto das erste Mal verliebt?

Mrs Christies Gesicht zeigt einen Anflug von Unlust. Die Frage ist abgeschmackt; als käme sie von einem alten Zausel, der einem kleinen Mädchen auf einer Zugfahrt Bonbons anbietet. Vor diesen Männern war man stets gewarnt worden. Sie schüttelt den Kopf. Denkt einen Augenblick nach und entschließt sich.

Mr Kokoschka. Erzählen Sie mir von Alma Mahler. Sie sollen sie ja gekannt haben.

Er ist überrascht. Auch von seiner eigenen Reaktion. Alma, das war wirklich lange her. Er blickt auf Mrs Christies Füße hinunter, die in robustem

Schuhwerk stecken. Ihm ist, als würden sie von Wasser überströmt. Sie ist ein Wasserwesen. Der erste Eindruck enthält stets etwas Wahres. Mrs Christies Finger fahren mit dem Trommeln fort.

Er legt das Foto in den Malkasten.

Von ihm, dem Jungen Oskar, gibt es keine Kinderfotos. Er wurde in der Kleinstadt Pöchlarn geboren, doch zog die Familie schon bald nach Wien.

Keine Fotos; man muss den Weg über das Sonnenlicht nehmen, das sich in den Wiener Arbeitervierteln in einer Wasserrinne bricht.

Ein Zehnjähriger auf einer Holztreppe in einem Milieu ohne Sanitäranlagen.

Mit wühlenden Schweinen um die Häuser, und Trinkwasser, das man von einer Pumpe holen muss. Überall werfen die Leute Abfall hin. Er sieht seine Mutter Romana einen schweren Wassereimer heranschleppen. Aus ihrer Rocktasche reicht sie ihm ein Stück Brot.

Er kaut zerstreut darauf herum.

Sein abgehalfterter Vater kommt aus dem Haus und lässt sich auf der Treppe nieder, und der

Junge rückt ein Stück aus dem Weg. Er entdeckt etwas Verblüffendes.

Ein totes Eichhornjunges!

Es treibt auf einer halb aufgelösten Zeitung im Graben. Ein kleiner nasser Körper, wie ist er gestorben? Von einem Insektenstich? Vom Biss einer Ratte? Das grüne Morgenlicht formt im Wasser einen Sarg aus Schönheit um das Eichhornjunge, das zusammen mit anderem Abfall verschwindet.

Pfui Deibel, sagt sein Vater, alles endet in Fäulnis und Zerfall.

Es ist sein Vater Gustav, ein vorzeitig gebrochener Mann mit bitterer Zunge. Er entstammt einer Familie von Goldschmieden, nicht allein in Österreich bekannt, mit Filialen auch in Paris und Madrid. Mehrere aus der Familie sind wohlhabende Leute. Gustav hat es nicht viel weiter gebracht, als Uhren in Wiens Vororten zu verkaufen. Schließlich eine Zeit lang zu einer untergeordneten Stellung als Buchhalter.

Danach Arbeitslosigkeit. Ihm mangelt es nicht an Belesenheit, doch sitzt er meist daheim und säuft und holt sich aus den Büchern Beistand für seine Melancholie.

Wäre Oskars Mutter, viel jünger und von einfacherer Herkunft, nicht durch die Viertel gerannt, vom Auftrag als Wäscherin zum Einspringen beim Umzug, vom Brotbacken für die Bäckereien zum Feilschen mit Tabak, hätte sich auf dem Tisch kein Essen befunden. Er hat zwei jüngere Geschwister. Die Mutter ist einfallsreich und fleißig. Ihre Augen können vor Zorn blitzen. Doch weiß sie stets Rat. Er vergöttert seine Mutter.

Er kann die düsteren Vorhersagen seines Vaters nicht mehr ertragen und ein totes Eichhornjunges auch nicht retten. Er nimmt den Ranzen mit den Schulbüchern, schwingt ihn sich wortlos auf den Rücken und zieht los. Eine Hauswand flammt in Orange auf. Er sieht einen Wagen mit blauem Pferd und grünem Kutscher, ein Mädchen in rosenfarbenem Kleid in einer Allee mit lila Schatten. Er ist kein großes Licht in der Schule, doch er zeichnet und malt.

Aus einer Laune heraus reicht er am Ende der Schulzeit Arbeitsproben bei der Kunstgewerbeschule ein. Keiner Akademie, einer Schule für Kunsthandwerk. Er wird unter Hunderten von Bewerbern angenommen. Gefolgt von Gustavs Nörgeln: Künstler willst du werden?

Hol mich der Teufel. Mit dem Bettelsack rumlaufen wie ich?

Romana jedoch ist stolz wie ein Pfau. Du bist mein Sohn. Du bist zu etwas Großem auserkoren. Wir sind beide Feuergeister.

Es ist wahr: Sie wurden beide unter flammenden Feuern geboren.

Nichts kann an seiner Überzeugung rütteln, dass die Welt durch Licht und Farben zu uns spricht und das Auge erschaffen wurde, um sie zu deuten. Auf einem späten Foto von ihm und ein paar Malerfreunden, Schiele und Oppenheimer, ist das zu sehen.

Die anderen im Anzug. Er mit kahl geschorenem Schädel, in weißen anliegenden Beinkleidern und frech abgetrenntem Schwalbenschwanz. Die Hände in den Hosentaschen und mit selbstbewusster Miene.

Die erste Ausstellung: Er bedeckt die Wände mit schwarzer Farbe, sodass die Besucher in eine Dunkelkammer kommen und die Gemälde schockartig hervortreten.

Man hält sie für formlos. Für unbegreiflich.

Anstößig und schrill.

All das schießt Kokoschka durch den Kopf, als er sich vom Stuhl an der Staffelei erhebt und ein paar hinkende Schritte vor Mrs Christies Augen macht. Ein Wirbel von Erinnerungen steigt unerwartet in ihm auf. Mit seinem Freund Loos läuft er im Schneegestöber über die Ringstraße. Der Freund, Architekt Loos, erheblich älter als er, hatte nach Kokoschkas erster Ausstellung, die jener genial fand, mit ihm Kontakt aufgenommen. Oskar repräsentiere das neue Wien, in Opposition zum Stillstand in Kunst, Literatur und Philosophie.

In seiner jungen Selbstgewissheit existierte indes eine Wunde: die Frau. Sexualtrieb und Bordelle. Das war es, was zu Gebote stand. Als seine kopflose Verliebtheit in die Schwester eines Kameraden damit endete, dass sie mit ihm brach, stürzte er in einen Abgrund voller Verzweiflung, Melancholie und Selbstmordgedanken. Zu diesem Zeitpunkt hatte er mit dem Schreiben begonnen, und seine Stücke für die Wiener Kabaretts waren wild und wuterfüllt. Über die Überlegenheit der Frau. Über die Schlaffheit des Mannes.

Keine Grammatik, eine wahnsinnige Syntax. Wie in *Mörder, Hoffnung der Frauen*. Der Mann tötet die Frau.

Bevor sie stirbt, sticht sie ihm das Messer in den Leib. Die Geschlechter befinden sich in so großem Abstand zueinander, dass sie sich niemals erreichen können. Alles hat Risse. Jede Oberfläche kann zerspringen und jedes Band zerreißen. Nichts ist, was es vorgibt zu sein. Einzig an die Kunst kann man nicht halten.

Er ist unglücklich, und Loos ist eine Stütze.

Doch nicht nur Loos, auch Karl Kraus findet ihn als Maler genial. Karl Kraus lobt ihn in seiner Zeitschrift *Die Fackel*, die den Finger am Puls der Zeit hat. Kraus hat Wiens schärfste Feder und zieht der Doppelmoral, der Doppelmonarchie und dem Antisemitismus die Hosen runter.

Kokoschka setzt sich an die Staffelei, Loos' Stimme noch im Ohr: Schau dich um, Kokoschka. Wien besteht aus Kot. Standbilder aus Kot und Büsten gleich Kackwürsten. Schlösser wie Scheißhaufen und Opernhäuser aus krenelierter Kotigkeit.

All das verdient unterzugehen. Er erinnert sich, wie Loos das sinnlose Dekor nannte: ein Verbrechen. Pompöse Protzigkeit — Atlasse mit schwellenden Muskeln, Göttinnen mit prallen Brüsten, Cherubim und Weinlaubranken – gewunden um ein stinkendes Inneres.

Loos entwarf Fabriken und Wohnhäuser in zurückhaltender Strenge und ohne die geringste Kotigkeit. Er war nicht nur ein Freund, sondern gleichsam ein Vater. Sie waren sich einig, dass echte Kunst die Fähigkeit hatte, Kulissen einzureißen und alles Falsche zu durchdringen. Beide vergötterten sie Gustav Mahlers Musik, sie raubte ihnen den Atem. Schlagzeuge, Pauken und Trompeten, wie Donnergetöse. Stürme und Crescendos, die sich zum Orgasmus steigerten, um rasch in Zärtlichkeit umzuschlagen, eine Innigkeit und Einfachheit, die einem die Tränen in die Augen trieb.

Kokoschka weiß nicht, wie er der ironisch kühlen Mrs Christie von Alma erzählen könnte. Er nimmt seinen Kohlestift aus dem Malkasten, wiegt ihn in der Hand, bringt ihn jedoch nicht zur Anwendung.

Alma Mahler, sagt er langsam, als schmecke er den Namen ab. Es ist wahr, dass wir ein paar Jahre eine Affäre hatten.

Ach ja? Erzählen Sie.

Das Einfachste ist wohl zu sagen, dass mir eine Liebe widerfuhr, die zu groß für mich war. Man muss es Besessenheit nennen.

Sie sitzen eine Weile schweigend da.

Sagen Sie etwas mehr zur Besessenheit. Das interessiert mich, lässt Mrs Christie verlauten.

Kokoschka nimmt einen Schluck aus dem Whiskyglas und fährt sich mit den Händen durch den störrischen Schopf.

Sie müssen wissen, Mr Kokoschka, fügt Mrs Christie hinzu, dass ich nicht das Geringste über Alma Mahler weiß. Wir müssen nicht über sie reden. Es war Ihre Idee, dass wir miteinander sprechen. Ich sitze gern still im Sessel und denke über das Meine nach.

Sie glauben, der Zufall hätte uns zusammengeführt, gibt Kokoschka zur Antwort. Ich aber glaube das nicht. Es ist auch kein Zufall, dass Sie mich bitten, über Alma Mahler zu sprechen. Ich war nur nicht darauf gefasst.

Als junger Mensch war ich eine unreife Frucht, Mrs Christie. Ein Stück ungehobeltes Holz. Dennoch war ich kein Kind mehr — ich war nahezu dreißig, als ich Alma das erste Mal begegnete und von einer Liebe erfasst wurde, die mein Leben aus den Angeln hob. Wollen Sie das wirklich hören?

Nur wenn Sie es selbst erzählen wollen, betont Mrs Christie.

Ich tue nichts, was ich nicht will, erwidert er.

Ihm war die Witwe Gustav Mahlers nicht persönlich bekannt, doch jeder in Wien wusste, wer sie war: Sie war in aller Munde und ein Magnet. Sie war die Tochter eines toten Malers, Emil Jacob Schindler: stille Landschaften und zartes Kolorit. Und die Stieftochter eines anderen Malers, Carl Moll: ziemlich langweilig, doch respektabel und gesellig.

Er selbst erwarb sich in Malerkreisen bald eine Art Namen, und in dem Jahr, als Gustav Mahler verstarb, fragte ihn Moll, ob er Almas Porträt malen wolle. Es gab ein Abendessen daheim bei Moll und seiner Frau, Almas Mutter.

Alma saß mir am Tisch gegenüber. Sie sprach über Nietzsche, den sie abgöttisch liebte. Und über Wagner, der ein Hausgott war. Sie war anders als alle Frauen, die mir bis dahin begegnet waren. Eine ausgeprägte Kinnpartie wies auf Willensstärke hin.

Schelmische Löckchen unter dem aufgesteckten Haar berichteten von weiblicher Koketterie. Über das Tischtuch hinweg wurden angeregte Blicke gewechselt.

Die Frauen, mit denen ich zuvor zusammengekommen war, hatte ich kaum gesehen, lange Zeit sah ich einzig und allein mich.

Nur Idioten, Mrs Christie, glauben, dass es bei Erotik um Eroberungen und Entleerung geht. Nichts kann falscher sein. Erotik ist etwas vollkommen anderes. Bei echter Erotik ist alles allein Hingabe.

Wir gingen ins Musikzimmer, wo meine Staffelei stand. Ich kann nicht nur still dasitzen und angeschaut werden, sagte Alma. Sie nahm am Klavier Platz und spielte — sie war selbst ebenfalls Komponistin — und sang *Tristan und Isolde*. Kennen Sie das, Mrs Christie?

Ja, natürlich. Mrs Christie hat Wagner in Bayreuth gehört.

Tristan und Isolde, das ist der Liebestod. Das Aufgehen im Ganzen. Genau davon handelte es. Alma galt als eine der schönsten Frauen Wiens. Doch ging es nicht darum. Sie fühlte sich schon nahe an wie mein eigener Atem und zugleich wie eine Öffnung zum

Unbekannten und überall Vorhandenen. Ich zog sie von der Klavierbank hoch und küsste sie.

Sie erwiderte den Kuss. Eine Welle aus Licht umfing mich. Sie wissen es wohl selbst. Der Himmel bricht auf. Die Welt öffnet sich. Von diesem Moment an sah ich sie überall, auf jeder Straße, in jedem Wasserlauf, in jeder Wolke.

Wir liebten uns in ihrer Wohnung in Wien. Auf ihrem kleinen Landgut in Simmering, mit einem großen Foto Gustav Mahlers am Kopfende.

Wir konnten uns nicht voneinander losreißen, Mrs Christie. Wir atmeten und tranken einander.

Doch dauerte die Trauerzeit nach Mahler noch immer an, und sie erklärte, wir müssten den Anstand wahren und dürften uns draußen nicht zusammen zeigen. Sie fuhr allein nach München, um der Aufführung vom *Lied von der Erde* beizuwohnen. Als sie heimkam, war sie aufgewühlt. Launenhaft und zerstreut.

Das führte zu Auseinandersetzungen. Wir würden heiraten, versicherte sie, wenn das Trauerjahr zu Ende war. Doch gerieten wir in Konflikte. Dann liebten wir uns. Er verstummt.

Erzählen sie mehr, Mr Kokoschka.

Ein wenig noch. In meinem Atelier unterm Dach spannte ich eine große Leinwand auf, die Maße waren ihrem Bett in Simmering entnommen. Ich malte uns beide, einander umarmend. Es ist das beste Gemälde, das ich je zustande gebracht habe. Die Farben glühen und explodieren. Ich malte das Universum in ungeheurem Wind. Und wir befinden uns in dessen Mitte.

Sie schläft, ich halte sie umfasst.

Wir befinden uns im Auge des Sturms. Still und in Ruhe. Trakl, ein verrückter Freund und Poet, kam herauf und schaute mir beim Malen zu. Er war durch Drogen vollkommen durchgedreht und eifersüchtig wegen seiner Schwester, mit der er ein sexuelles Verhältnis hatte. Doch als er mein Bild sah, wurde er still und nachdenklich.

Er taufte es *Die Windsbraut*.

Als das Trauerjahr für Mahler vorüber war, erinnerte ich daran, dass wir heiraten wollten. Wir stritten und liebten uns und stritten aufs Neue, sie entfloh nach Marienbad, ich hinterher. Sie wollte, dass unser Verhältnis diskret blieb, bald aber war es in ganz Wien bekannt. Mein Freund Loos, der mir immer zur Seite gestanden hatte, missbilligte es ungemein.

Kokoschka zieht eine ironische Grimasse und ahmt Loos nach: Alma Mahler hat jeden einzelnen Mann in Wien verführt — Maler, Musiker und Wissenschaftler. Keiner kann ihr widerstehen, Kokoschka.

Ich hörte zu, lachte jedoch nur.

Loos stieß nach: Weißt du nicht, dass sie ein Verhältnis mit dem Architekten Gropius hatte, während Mahler noch lebte? Mahler hatte sich an Sigmund Freud gewandt, um einen Rat einzuholen, das hatte Loos von jemandem gehört. Freud meinte, sie litte an einem Vaterkomplex; das sei der Grund für ihre Ehe mit dem bedeutend älteren Mahler.

Herrje, sagt Mrs Christie und setzt sich aufrecht hin.

Loos nannte sie eine Femme fatale. Einen Vampir.

Und du Loos, entgegnete ich, bist ein alter vertrockneter Bovist.

Es machte die Sache nicht leichter, dass meine Mutter über das Verhältnis genauso aufgebracht war wie Loos. Sie ist viel älter als du und ein Flittchen, sagte Romana.

Ich biss die Zähne zusammen, sodass die Kieferknochen schmerzten, um nicht die Hand gegen sie zu erheben. Meine Mutter schwor, sie würde Alma eine

Kugel in den Kopf jagen, wenn sie sich auf der Straße begegneten. Was sie sicher getan hätte, wenn sie einen Revolver besessen und verstanden hätte, mit ihm umzugehen.

Kokoschka legt den Kohlestift in den Malkasten und klappt den Deckel zu. Ich beschreibe die Liebe, Mrs Christie.

Er lacht leicht und bindet die Schürze ab. Die Stunden sind schnell vergangen. Wie haben Sie das eigentlich alles aus mir herausbekommen? Agatha sieht ihn lächelnd an und folgt ihm die Treppe hinunter zur Haustür, an der sie Abschied nehmen.

ZWEITE SITZUNG

Am darauffolgenden Morgen sitzt Kokoschka auf einer Bank am westlichen Ufer des Serpentine, der Kensington Gardens vom Hyde Park trennt. Es ist ein strahlend schöner Tag. Er hat die Absicht, durch den Park zu gehen und dann einen Bus zu Mrs Christie zu nehmen.

Ein kläffendes Hündchen läuft an seiner Bank vorüber. Gefolgt von einem jungen Mädchen in Jeans, mit einem Palästinenser-Tuch um den Hals. Das wirkt schweißtreibend. London hat sich sehr verändert, seit er mit Olda während des Krieges hier lebte.

Es ist nicht länger als ein Vierteljahrhundert her. Dennoch scheint der Krieg für die heutigen jungen Leute ebenso weit weg wie die Rosenkriege.

Gestern hat er zu viel geredet. Heute wird er *sie* zum Sprechen bringen. Wie war es ihr gelungen, ihre literarische Produktion in einem solchen Tempo zu verfassen? Wie war sie Sir Max begegnet? Hatte sie schon immer geschrieben? Er hat vor zuzuhören, während er ihr Mienenspiel und ihre unruhigen Hände studiert.

Aus dem Röhricht im Wasser steigen kleine Insektenwolken auf. Er folgt ihnen mit dem Blick. Es ist heiß. Mit einem Ruck steht er auf und geht weiter.

Mrs Christie öffnet ihm die Tür, heute in einem geblümten Baumwollkleid, das ihr besser zu Gesicht steht. Sie geht ihm voran die Treppe hinauf und nimmt sofort im Sessel Platz. Die Sonne wirft große Lichtvierecke auf den Boden.

Er zieht die Gardine vor.

Ohne lange Vorrede fängt Mrs Christie an zu sprechen. Mr Kokoschka, gestern hatte ich den Eindruck, dass Ihr Freund und Ihre Mutter Frau Mahler verleumdeten. Ich nehme an, sie sahen es ebenso?

Kokoschka öffnet seinen Malkasten.

Ich denke, Mrs Christie, dieses Thema haben wir gestern abgeschlossen.

Ihr gefällt, wie er spricht, kraftvoll, mit deutlich hörbarem deutschem Akzent und langen unberechenbaren Pausen. Er wiegt den Kohlestift in der Hand.

Wurden Sie nicht eifersüchtig, Mr Kokoschka?

Sie wartet, und er antwortet, widerwillig.

Freilich war es Loos gelungen, mich eifersüchtig zu machen. Ich sah die Blicke der Männer, die Alma galten. Wohin sie auch kam, stand sie im Mittelpunkt. Sie war eine reife Frau, hatte zwei Kinder geboren, gleichzeitig aber war sie verspielt wie ein Kind. War strahlend rein und voller Unschuld. Nach unseren Streitereien biss sie sich auf die Lippe, streckte die Arme in die Luft und lachte. Alma hatte die Fähigkeit, alles von sich abzuschütteln; ich beneidete sie darum.

Zog ich mich zurück, kam sie wie eine anschmiegsame Katze nach. Sie war wie ein Kind, und Kinder sind ein Geschenk Gottes, Mrs Christie. Wir lebten weit offen voreinander.

Aber, Mr Kokoschka, wendet Mrs Christie ein, Frau Mahler hatte doch offenbar vergessen, dass sie, als das Trauerjahr für Gustav Mahler um war, heiraten wollten?

Tja. Wie auch immer das gekommen war. Unter anderem behauptete Alma, lediglich meine Arbeit würde zählen und sie sei nur eine Nebenfigur, was nicht der Wahrheit entsprach, Mrs Christie. Sie war der

Mittelpunkt meines Lebens. Sie hatte große Ambitionen. Sie wollte mit dem Komponieren weitermachen. Ich ermunterte sie dazu. Aber natürlich verspürte ich Eifersucht.

Auf wen denn, Mr Kokoschka?

In erster Linie auf Gustav Mahler.

Aber um Himmels willen, er war doch tot!

Ja, und sie klagte ständig darüber, wie schlecht ihre Beziehung gewesen sei, als er noch lebte, erwidert Kokoschka, ich glaube aber, ihr gefiel es, seine Witwe zu sein. Es war, als hätte ihr das die Position verschafft, die sie haben wollte.

Ich denke, das ist nur Ihre Einbildung, Mr Kokoschka. Aus der Küche unten dringt leises Geklapper von der Geschirr spülenden Hausangestellten.

Kokoschka hat nicht vor, so wie gestern zu reden. Doch muss er ihre Frage beantworten, die auch ihn immer noch beschäftigt. Mit dem Kohlestift fährt er über die Leinwand. Er will einen Raum grundieren.

In ihrer Wiener Wohnung, Mrs Christie, hatte Alma Gustav Mahlers Totenmaske. Sie nahm sie vom Schreibtisch auf und küsste voller Leidenschaft seine toten Lippen. Das erste Mal, als ich es sah, wurde mir schwarz vor Augen. Ich verließ das Zimmer und strich stundenlang durch die Straßen.

Zu jener Zeit hatte ich mit einem Drama über Orpheus und Eurydike begonnen. Kurz gesagt: Ich sah mich als Orpheus, dessen Aufgabe es war, Eurydike vom Tod zu befreien. Doch dann stellt sich heraus, dass sie mit Hades vermählt ist.

Haben Sie es wirklich so gesehen?

Es gab keinen Künstler, den ich so sehr bewunderte wie Gustav Mahler, Mrs Christie, und Alma war seine Gefangene. Das heißt, die des Todes.

Wie kompliziert, Mr Kokoschka.

Wie dem auch sei, jedenfalls vergiftete mich der Gedanke. Wie viele andere sehnte ich mich natürlich nach dem Garten Eden. Ich glaubte, ihn bei der Geliebten zu finden. Bei Alma zu sein, war das Paradies für mich.

Kokoschka öffnet die Whiskyflasche und füllt sein Glas nach.

Mrs Christie betrachtet ihn, ohne den Blick abzuwenden. Sie waren eifersüchtig, sagt sie, auf einen toten Mann, dessen Künstlerschaft Sie mehr bewunderten als die jedes anderen. Das muss die reinste Tortur gewesen sein. Waren Sie ansonsten jedoch überzeugt, dass sie Ihnen treu war?

Ich liebte sie. Leider führte ich mich geradezu lächerlich auf.

Auf welche Weise?

Alma und ich zeugten ein Kind, Mrs Christie.

Als er das gesagt hat, leert er das Whiskyglas in einem Zug. Agatha begreift, dass er an einem explosiven Punkt der Geschichte angekommen ist. Doch als er dann verstummt, muss sie etwas sagen, um ihn zum Weiterreden zu bringen.

Sie waren nicht auf ein Kind eingestellt, Mr Kokoschka?

Ich war überglücklich!, erwidert er mit Bestimmtheit. Lief jubelnd durch die Straßen!

Die Brücken über der Donau wölbten sich, hohen Kuppeln gleich, und ich ging über sie, hoch oben im Himmel. Ich hörte Orgelmusik, die in mir spielte. Ich glaube, ich war nie so trunken vor Glück, wie als ich das erfuhr. Ein Kind. Ein Sohn! Ich hieß ihn willkommen. Sprach unablässig mit diesem Kind.

Eines Tages begab ich mich allein nach Simmering hinaus. Ich wusste, dass Alma nicht da war, doch verspürte ich so wahnsinnige Sehnsucht. Überall im Haus fand ich Frösche und Kaulquappen in Schüsseln und Gläsern.

Sie hatte erwähnt, dass sie an einem Forschungsprojekt mit dem Biologen Professor Kammerer teilnehmen würde. Er war einer von all jenen, die Loos als ihre Liebhaber aufgezählt hatte. Er musste hier gewesen sein. Das wurde mir klar.

Ich lief im Haus Amok. Zertrümmerte jede einzelne Schüssel, jedes Gefäß und schleuderte den schleimigen Inhalt in den Garten. Und dann saß ich auf dem Rasen, schlotternd zwischen den verendenden Weichtieren. Ich war außer mir gewesen. Jenseits von jeglichem Sinn und Verstand.

Als ich den Blick hob, stand Alma vor mir und schüttelte den Kopf.

Was soll ich nur mit dir machen, mein großes Kind?

Sie nannte mich ihr großes Kind. Ihren geliebten Grobian. Ich schämte mich wegen meines Verhaltens, sie aber zog mich zum Bett, und ich vergaß alles, wie jedes Mal, wenn wir uns liebten.

Sie vergaßen offenbar auch zu fragen, ob sie mit diesem Professor geschlafen hatte?

Ich liebte sie, Mrs Christie.

Sie waren naiv, sagt sie. Das bin ich auch gewesen, fügt sie hinzu. Doch müssen Sie mir von dem Kind erzählen, das Frau Mahler und Sie erwarteten.

Die Sonne ist über den halben Himmel gewandert, und das Licht ist weniger durchdringend. Kokoschka zieht die Gardine auf und öffnet das Fenster. Frische Luft strömt herein. Sie lauschen einem Schlager aus einem Radio in einer jenseits des Hofes gelegenen Wohnung.

Das Kind, erinnert ihn Mrs Christie.

Ihr Blick liegt auf ihm, ruhig und forschend. Von dem Kind zu reden, hatte er nicht vorgehabt. Nun aber war es zu spät, einen Rückzieher zu machen. Er dreht den Stuhl nach hinten und legt die Arme auf die Rückenlehne.

Er berichtet von der entsetzlichen Nacht in Almas Wiener Wohnung. Sie hatte ihn geweckt. Blut strömte aus ihrem Schoß.

Er versuchte die Blutung mit Watte, Handtüchern und am Ende mit seinem eigenen Hemd zu stillen. Das Blut aber floss nur immer weiter, und er befürchtete, sie könnte verbluten, rannte los und bekam einen Arzt zu fassen. Man brachte sie ins Krankenhaus. Er fuhr mit.

Sie lag auf einer Pritsche, entsetzlich blass. Er betete zu Gott, dass sie überleben möge. Gegen Morgen war die Krise vorüber, die Blutung zum Stillstand gekommen, und sie begannen offen miteinander zu reden. Ihm wurde klar, dass sie der Schwangerschaft eigenhändig ein Ende gesetzt hatte.

Sie wollte keine weiteren Kinder. Sie hatte zwei Töchter geboren, eine, die gestorben war, und eine, die noch lebte. Weitere wollte sie nicht. Doch den sie abgetrieben hatte, das war er selbst.

So sah er das.

Äußerst aufgewühlt verließ er das Spital.

Aus dieser Nacht behielt er einen blutgetränkten Wattebausch. Bewahrte ihn lange in einer Zündholzschachtel auf. Die nahm er mit hinaus in den ausbrechenden Krieg. Der kleine Bausch war sein Kind, doch den sie abgetrieben hatte, das war er selbst. Während des Krieges verlor er die Schachtel. Der Krieg beendete die Beziehung, doch für ihn bestand sie viele Jahre fort.

Seine Arme ruhen auf dem Stuhlrücken, und er legt seinen Kopf darauf. Er schluchzt. Tut er das nicht? Mrs Christie glaubt, dass es so ist.

Sie streckt die Hand nach seinem Kopf aus. Zieht sie aber wieder zurück. Wir kennen uns doch kaum, denkt sie. Als er den Kopf hebt, sind seine Augen blau und trocken, und als er mit dem Erzählen fortfährt, ist seine Stimme deutlich hörbar.

Die Beziehung zu Alma hatte drei Jahre gedauert, als es zum Krieg kam.

Die Leute jubelten vor Begeisterung auf den Straßen, und die Kaiserlich-Königliche Armee machte mobil. Er wollte nicht teilnehmen. Auf keinen Fall. Doch war er zwischen Unmöglichem zerrissen. Ein Leben ohne Alma war undenkbar. Das, was sie getan hatte, konnte er ihr aber nicht verzeihen, und so bot der Krieg einen Ausweg.

Besser, Soldat zu werden.

Er wählte das Kaiserliche Dragonerregiment. Berichtete es Alma, die dem Heroismus verfallen war und ihm gratulierte. Sie kamen überein, in Briefkontakt zu bleiben. Bei der Erinnerung lacht Kokoschka auf: Nie zuvor hatte er auf einem Pferderücken gesessen.

Seine Mutter lieh ihm Geld für ein Pferd, eine magere kleine Mähre, die Minden-Lo hieß. Alles hatte man selbst zu bestreiten, Pferd, Uniform, Pickelhaube, Sattel und Gewehr. Exerzieren am Stadtrand von Wien. Tag für Tag auf dem Pferderücken.

In den Sattel hoch und wieder runter. Es war Winter. Beine und Füße verwandelten sich in Eisklumpen.

Die Wunden an Schenkeln und Hintern wollten nicht heilen. Und schließlich ins Feld hinaus. Für seinen Teil hieß das Galizien.

Er war ein tüchtiger Soldat, hatte Muskeln und besaß eine Todesverachtung, die man als Mut verkennen konnte.

Er stellte sich vor, dass der Krieg alles veränderte: Eines Tages würde er mit seinem und Almas Sohn an der Hand über die Straßen gehen oder mit einem Mädchen auf dem Arm, das Alma glich.

Illusionen, Mrs Christie, doch hielten sie mich am Leben. Briefe von Alma trafen ein, jedoch selten.

Er selbst schrieb umso mehr.

Er sitzt auf dem Stuhl und kippt Whisky in sich hinein, wendet seinen blauen Blick Mrs Christie zu und wechselt das Thema.

Ich vermute, Sie haben Kinder, Mrs Christie?

Ja. Eine Tochter. Rosalind.

Ich habe nie welche bekommen. Das bedauere ich. Es blieb eine Wunde zurück. Und wie verlief der Krieg für Sie, Mrs Christie?

Sie trinkt Wasser aus dem Glas neben dem Sessel und massiert ihr Knie.

Für mich? Ich war jungverheiratet, Mr Kokoschka. Mein Mann war Flieger und draußen im Krieg, ich hörte nur selten von ihm. Ich arbeitete als freiwillige Schwester in einem Krankenhaus für Frontsoldaten.

Sie wissen also so einiges über zerschossene Leiber?

Ja, ins Rote-Kreuz-Spital von Torquay brachte man Briten und Belgier von Europas Kriegsschauplätzen, und viele waren stark verstümmelt.

Sie erinnert sich noch immer an die Wunden, hört die gellenden Schreie und sieht die dünne Haut über der Pupille, die den Tod anzeigt.

In den Nächten studierte sie und wurde Expertin für Beruhigungsmittel, für Gifte, Arsenik und Zyankali, die lindern, aber auch töten können. *Seien Sie genau beim Wiegen, Mrs Christie.* Sie erinnert sich, wie genau sie wog.

Trotz allem sind Sie durch den Krieg gekommen,
Mr Kokoschka.

Nicht ganz.

Er überspringt all die Widrigkeiten des Krieges, all
das hasste er, und berichtet von dem Tag, an dem er
verwundet wurde. Es war im Herbst 1915.

Einer hinter dem anderen ritten sie hinaus, um es
den Russen heimzuzahlen. Sie kamen an erschosse-
nen Kameraden vorbei, nackt und kopfunter an die
Bäume gehängt. Mit der Hand strich er einem jungen
Soldatenkameraden über den Schopf. Der Skalp fiel ab,
ihm direkt in die Hand. Abscheulich.

Sie ritten über ein ödes Feld. Zwergförmige Büsche.
Der Himmel darüber weiß gestrichen und die Sonne
nur ein hellerer Fleck, einem Hautekzem gleich. Er
konzentrierte sich auf einen eingebildeten Punkt vor
dem Auge. Der wuchs und schrumpfte. Es war eine Lebensversicherung: Solange er ihn sah, lebte er.

Das Schnauben der Pferde. Das Trampeln der Hufe.

Plötzlich gab es da flammende Feuer und Kanonen-
donner. Sie waren nicht vorbereitet. Die Pferde gerieten in Panik und stürzten aufs Feld hinaus. Minden-Lo, seine tapfere kleine Mähre, wurde unter ihm

zusammengeschossen. Er rannte um sein Leben, bekam einen Schlag auf den Kopf und verlor das Bewusstsein. Wach wurde er auf einer Waldlichtung. Es war Nacht.

Um ihn herum lagen gefangen genommene Kameraden.

Tote und lebendige. Ein kleines Feuer brannte.

Sie haben ihr Pulver nicht an uns verschwendet, Mrs Christie. Sie haben uns erstochen, einen nach dem anderen, mit dem Bajonett. Er steht auf und läuft ein paar Schritte durchs Zimmer.

Er bemerkte, dass seine Pistole noch im Halfter steckte. Es war ein Wunder, dass man sie ihm nicht abgenommen hatte.

Er wusste, wenn die Reihe an ihm war, würde er schießen.

Der Russe beugte sich über ihn, ein junges, pickliges Gesicht, und stieß ihm das Bajonett in die Brust. Im selben Augenblick schoss er, direkt hinein in das schreckensstarre Gesicht des Soldaten.

Er hörte Gebrüll, Kommandorufe und jemanden, der sich übergab. An mehr erinnert er sich nicht. Nur an den Anblick des Bajonetts in seiner Brust, und wie es müde zur Seite kippte.

Sie glaubten, er sei tot, aber er lebte.

Viel Zeit musste vergangen sein, als er wieder zu Bewusstsein kam. Auf der Lichtung sah er Pferde und Pritschenwagen, und es war helllichter Tag. Die Männer, die sich um ihn bewegten, gehörten der richtigen Seite an.

Er hatte wie durch ein Wunder überlebt und nahm momentweise wahr, dass man ihn hinter die Front brachte, zunächst mit Pferd und Wagen, dann im Güterzug.

Er lag auf einer Pritsche in einer Krankenstation nördlich von Luzk.

Später in einem Brünner Feldlazarett.

Und dann im Palffy-Spital von Wien.

Es war entsetzlich. Fieberfantasien. Halluzinationen. Farben, die in die Augen schnitten.

Er kam nicht aus dem Bett hoch. In der Brust brannte ein Schmerz, schlimmer als Feuer. Man sagte ihm, er hätte eine Kugel durchs Ohr bekommen, die in den Schädel eingedrungen war. Ihm wurde mitgeteilt, dass man sie herausbekommen hätte.

Ich sah, wie sich meine Mutter über mich beugte, Mrs Christie. Ihr schwarzes Haar war kreideweiß geworden. Wenig später kam Loos zu Besuch, er hatte Alma erzählt, wo ich mich befand. Sie aber kam nicht.

Hingegen erhielt ich einen Brief, Mrs Christie.

Eines Tages erhielt ich einen Brief, einen letzten.

Alma berichtete, sie hätte Gropius geheiratet, was, wie sie annahm, mir sicher bekannt war. Ich hatte keine Ahnung. Die beiden hatten schon zur selben Zeit etwas miteinander, als sie und ich ein Liebespaar waren. Gropius war während des Krieges in der preußischen Armee. Sie bekamen später ein Kind, eine Tochter.

Sie haben jedes Recht, mich naiv zu nennen, Mrs Christie.

Auf dem Heimweg hält Kokoschka unterhalb der kleinen Kirche von Chelsea inne. An der Treppe wächst ein Busch mit starkem, seltsam berauschendem Duft. Geraume Zeit bleibt er dort stehen und wippt auf den Absätzen.

Später, als die Ehe mit Gropius seit Langem beendet war, bekam er einen weiteren Brief von Alma. Sie schrieb, dass sie die Gemälde bewundere, die sie von ihm bekommen habe. Sie schlug vor, sich zu treffen. Er antwortete nicht auf ihren Brief.

Viel später aber rief er sie in New York an, das war 1946 oder 1947, um zu erfahren, wie sie durch den nächsten Krieg gekommen war. Sie hörte sich versoffen und bitter an. Es war ihnen geglückt, nach Amerika zu fliehen. Ihr nächster Gatte, der Dichter Franz Werfel, war gestorben, erzählte sie.

Sie war niedergeschlagen.

Alma ohne Männer? Sie waren ihr Lebensatem.

Er reißt sich von dem duftenden Busch los und geht langsam in Richtung U-Bahn. Die meisten sind jetzt tot, auch Alma. In der Jugend weint man. Mit der Zeit versiegen die Tränen.

Dann und wann benässen sie das Innere.

DRITTE SITZUNG

Frühstück in der Küche, so früh, dass die Haushaltshilfe noch nicht erschienen ist. Die Beleuchtung ist
wächsern, und Max im Hausmantel brät Bacon, den
Pfannenwender in der einen, die Zeitung in der anderen Hand. Ein neues Attentat der IRA. In Paris hat de
Gaulle Probleme, mit den rebellischen Studenten ins
Gespräch zu kommen.

Agatha trinkt Tee, die Strickjacke übers Nachthemd
gezogen. Auf der Rückseite der Gasrechnung notiert
sie sich Ideen.

Wie läuft's bei euch, bei dir und dem Maler? Wohl
ein alter Zyniker?

Entschuldige, was hast du gesagt, Max? Nein, kein
Zyniker. Ich verspüre Sympathie für ihn.

Gut. Dann ist die Zeit nicht vergeudet.

Doch. Mir liegt das neue Buch auf der Seele. Collins
macht Druck. Ich wünschte, ich hätte Zeit, zwischen-
durch noch anderes zu schreiben, beispielsweise die

Kindheitserinnerungen. Keine Chronologie und keine Mörder, wäre schön zur Abwechslung.

Agatha Pagatha. Erlaub dir das. Hier hast du dein Bacon.

Wie du weißt, sind da noch zwei Krimis, an die ich denken muss. Einen letzten zu Poirot und einen letzten zu Miss Marple. Sie werden zwar posthum erscheinen, doch müssen sie ja geschrieben sein, und ich sitze am Entwurf. Sie sollen eine Lebensversicherung für Rosalind und Mathew sein.

Hast du die Absicht, Poirot umzubringen?

Ja, möglichst. Zuvor aber soll er wohl als Mörder auftreten dürfen.

Bravo. Ich freue mich darauf, das zu lesen.

Das kannst du. Ich rechne damit, dass du mich überlebst.

Warum bist du immer so morbide?

Das ist mein Beruf. Warum fühle ich mich in deiner Gesellschaft so wohl, Max?

Die Gebrauchsanweisung für mich ist einfach, Agatha.

Finde ich nicht gerade. Max, hat es angefangen zu regnen?

Ja, es hat begonnen zu regnen, ein Guss, der die Oberfläche der Themse mit Punkten übersät, als besprenge man ein Laken. Max bricht zur Universität auf. Ein Schwarm Möwen segelt im Gleitflug über den Park jenseits der Straße. Der Regen nimmt zu, und die Fensterscheiben werden streifig. Hat Max einen Regenschirm mitgenommen?

Draußen schließen die Ladenbesitzer ihre soeben geöffneten Türen. Im Hyde Park suchen die Obdachlosen Deckung. Agatha zieht sich an und sitzt mit einem Kreuzworträtsel im Esszimmer, während sie auf den Maler wartet.

Ihr Vater Fred − er war es, der sie Agatha Pagatha genannt hatte − strich ihr übers Haar, wenn ihr die Lösung einer besonders kniffligen Angelegenheit in seinem Buch mit dem Titel *Problems* gelungen war.

Agatha Pagatha, my little black hen.

Ihr Vater war der Meinung, dass sie ein mathematisches Genie war. Er war es nicht. Er hatte in seinem ganzen Leben nicht einen Penny verdient, und das geerbte Mietshaus in New York warf immer weniger Rendite ab. Eines Tages hörte sie, wie ihre Eltern über den Mangel an Geld redeten.

Sie war entzückt und vollkommen aus dem Häuschen, zweifelsohne war das eine Katastrophe.

Nursie. Nursie, hast du schon gehört? Wir sind ruiniert!

Die Kinderfrau starrte sie entsetzt an und ließ eine Masche an ihrem Strickzeug fallen. Die Mutter nahm sie ins Gebet: Über gewisse Dinge spricht man nicht mit der Dienerschaft. Du musst lernen, deine Fantasien im Zaum zu halten!

Wie schade. Sie liebt Katastrophen und genauso, jemandem einen Schreck einzujagen. Sie liebt Erdbeben, Vulkanausbrüche und Überschwemmungen und wartet hoffnungsvoll auf Kometen, Mordtaten und Pleiten.

Es gab nur eine Sache, die ihr Angst machte, die immer wiederkehrenden Träume vom Killer; sie erschreckten sie zu Tode. Er ist jemand, den man sehr gut zu kennen glaubt und der doch ein ganz anderer ist. Mitten im gemütlichen Beisammensein zieht er die Pistole.

Er ist verrückt und unberechenbar und hat kein Gesicht, nur eine leere Fläche.

In einem Albtraum ist er Mama Clarissa.

Mama dreht ihr im Traum das Gesicht zu, und es ist vollkommen ausradiert. Ausgelöscht. Leer, ohne Gesichtszüge. Agatha wacht laut weinend auf. Ihre Mutter war zweifelsohne die wichtigste Person in ihrem Leben.

In der Küche hört sie Ursula mit Pfannen und Töpfen klappern.

Wo bleibt Mr Kokoschka?

Sie schiebt das Kreuzworträtsel beiseite und zieht das Fotoalbum aus dem Regal, und unversehens sitzt ihr Archie am Tisch gegenüber, im Gesicht sein leicht spöttisches Lächeln.

Er ist fesch wie immer. Er ist Flieger in Großbritanniens erster luftgestützter Division. Seine Lippen brennen, als er sie auf dem Pier von Torquay küsst. Er murmelt, sie könnten doch ein Zimmer im Hotel nehmen.

Nein. Wenn wir die Nächte zusammen verbringen wollen, müssen wir heiraten.

Archie erwidert, er sei kein Typ zum Heiraten. Er trainiere Loops und Volten, probiere den Gleitflug bei ausgestelltem Motor und werde, wie er es sehe, kein langes Leben haben. Er will keine trauernde Witwe und Kinder hinterlassen. Zusammen schlafen könne man ohne Lizenz.

Oh nein. Nicht sie! Nicht Agatha Miller.

Sie schlägt das Album zu, und Archie zieht ab. Sie geht zu Ursula in die Küche hinaus. Es ist schon spät, warum hat Kokoschka nicht angerufen, wenn er heute nicht vorhat zu kommen?

Im selben Augenblick sehen sie das Taxi halten. Ursula, die stämmige Haushaltshilfe, muss sich nach draußen begeben, über den Schultern den Regenmantel und in der Hand den Schirm, um Kokoschka zu empfangen.

Sie greift ihm unter den Arm. Bevor sie noch die Treppe erreicht haben, lacht sie schallend über etwas vom ihm Gesagtes, was Agatha nicht hören kann.

Der Schirm flattert über ihnen wie ein Segel im Sturm.

Es hätte sie nicht gewundert, wenn Kokoschka, nach dem, was er gestern erzählt hatte, bei derartigem Regenwetter nicht gekommen wäre. Er sieht blass und finster aus und bittet um Entschuldigung wegen der Verspätung.

Nicht leicht, im Regen ein Taxi zu finden. Sie setzt sich im Sessel zurecht. Er öffnet ein paar Tuben und drückt Farbe auf die Palette.

Heute sind Sie an der Reihe zu reden, Mrs Christie.

Aha. Und das bestimmen Sie?

Ja, das bestimme ich. Sie waren Krankenpflegerin in einer Klinik für Frontsoldaten.

Ja. Dort habe ich alles über Gifte gelernt: Morphium, Zyankali, Strychnin und Arsen. Ich wurde mehr oder weniger zur Pharmazeutin ausgebildet.

Nützlich, und was taten Sie mit diesem Wissen?

Eines nachts im Krankenhaus kam mir die Idee zu meiner ersten Detektivgeschichte. Einem Giftmord. Es musste immer einen Detektiv geben, das hatte mich Conan Doyle gelehrt. Wir hatten Belgier als Patienten, und so wurde mein Detektiv ein Belgier. Ein kleiner Mann mit Schnurrbart, eiförmigem Kopf, großer Intelligenz und einem enormen Vermögen Schlussfolgerungen zu ziehen.

Ja, den kennen wir. Kokoschka lächelt.

Hercules Poirot sollte zu meiner wichtigsten Einnahmequelle werden, doch mit der Zeit hatte ich seine Großtuerei und sein gigantisches Ego ziemlich satt. Sie lächelt, wird jedoch gleich wieder ernst. Sie haben mich gestern aus der Fassung gebracht. Sie hatten eine Schussverletzung. Die Lunge war durchbohrt. Sie halluzinierten. Offenbar wurden Sie für ihr ganzes Leben lahm?

Es wäre gut gewesen, Sie wären dort gewesen und hätten mir eine tödliche Dosis Strychnin verabreicht.

Ich habe meinen Patienten nicht das Leben genommen.

Ich bin sicher, ich hätte Sie überreden können, Mrs Christie.

Das wäre Ihnen nicht gelungen.

Sie hätten meinen Anblick nicht ertragen. Arsen wäre genauso gut gewesen.

Sie schaut zu, als er mithilfe eines Spachtels Farbe auf der Leinwand verstreicht. Dann legt er ihn beiseite, um sich eine Zigarette anzustecken.

Ihre Stimme wird scharf. Wissen Sie, wie unerträglich selbstsicher Sie klingen, Mr Kokoschka?

Sie faltet die Hände im Schoß, um sie still zu halten. Wie eine scheinheilige Nonne, denkt er nach einer Weile, als sie nichts mehr sagt. Kein Ausdruck. Versteinert und stumm. Er seufzt.

Er hat kein Stillleben vorgehabt. Er braucht Ausdruck und Bewegung, um arbeiten zu können. Als er an den Akademien in Wien und Dresden unterrichtete, mussten die Modelle Kniebeugen machen, die Hände zu den Zehen senken, sich im Kreis drehen. Kniegelenke, Schultern, die ganze Komplexität der Bewegung.

Er verlangt keine Gymnastik von Mrs Christie.

Trotz allem aber Kommunikation.

Er untersucht die Whiskyflasche. Es ist noch fast die Hälfte drin. Sie ist störrisch wie ein alter Esel. Gestern war er viel zu aufrichtig gewesen, und heute bereut er das; es hat ihn aufgewühlt. Die Verstimmung nimmt zu, genau wie der Regen draußen. Er ist miserabler Laune. An diesem Tag wird er nicht arbeiten können.

Mrs Christie. Wir beenden diese Sitzung. Lassen Sie uns morgen weitermachen.

Sie hebt überrumpelt den Blick. Steht jedoch vom Sessel auf und folgt ihm zur Tür, nachdem sie ihm ein Taxi gerufen hat.

Obgleich noch ein gutes Stück des Tages übrig ist, legt sie sich ins Bett, Kissen hinterm Rücken und mit ihrem Notizbuch auf dem Nachttisch. Sie steckt mitten in einem Kindergeburtstag bei ihrem neuen Intrigenspiel, das zum Mord an einem kleinen Mädchen führen soll.

Aber die Gedanken bewegen sich nicht.

Das Mädchen ist ungefähr im selben Alter, wie sie war, als Papa Fred an einem Schlaganfall starb. Sie war elf Jahre alt, und er lag in der Kirche von Torquay tot im Sarg. Sie hätte unter Schock stehen müssen. Erinnert sich jedoch nicht an irgendwelche Trauer.

Als sie aber erfuhr, dass Ashfield wegen seines Todes verkauft werden sollte, führte sie sich unverzeihlich auf. Sie schrie und heulte, rannte durchs Haus und schlug mit den Türen. Flüchtete in den dritten Garten und kam nicht zurück.

Dass sie nicht dort wohnen bleiben konnten, dass

Ashfield verschwinden würde, war ein unerträglicher Gedanke. Der Tod ihres Vaters brachte das Ende der Kindheit. Obwohl sie sich wie ein unbeherrschtes Gör aufgeführt hatte, rettete sie damit Ashfield.

Nach dem Briefwechsel ihrer älteren Geschwister mit einem Advokaten in New York, bekam Clarissa eine kleine Apanage. Die reichte kaum zum Leben. Ist wohl billiger, fand Clarissa, im Ausland zu wohnen. Sie ließ sich mit ihrer Tochter in Paris nieder. Zum ersten Mal musste sie in die Schule gehen. Sie war zwölf, dann dreizehn, schließlich fünfzehn.

Danach fiel die Wahl auf Kairo, wohin drei britische Regimenter verlegt waren. Sechzehn und siebzehn war sie da. Von sich hat sie hauptsächlich ihren Leichtsinn in Erinnerung. Sie liebte es zu flirten und zu tanzen, und Ägypten war ein langer sündhafter Rausch. Mit Küssen, Tennismatchs, Teegesellschaften und Tanzvergnügen.

Dann kehrten Clarissa und sie nach Ashfield zurück. Dort war es ärmlich, einsam und trist. Sie nahm Gesangstunden und wollte Opernsängerin werden. Taugte ihre Stimme? Nein, erwiderte der Gesangslehrer, sie ist zu schwach.

Da fasste sie ihren ersten eigenen Entschluss: sich nie einer Sache zu widmen, zu der ihr das Talent fehlte. Dieses Versprechen hat sie gehalten.

Aber was sollte sie tun?

Heiraten, natürlich.

Das galt für alle Mädchen, und bis zu dem Moment, als sie Archie heiratete, war das ihr wichtigstes Ziel.

Sie schrieb Gedichte und Märchen, um sich zu zerstreuen.

Schreib einen Kriminalroman, schlug Schwester Madge bei einem Besuch vor, mit einem Rätsel, das sich unmöglich auflösen lässt. Mama Clarissa unterstützte die Sache.

Sie schickte ein paar Textstücke an Torquais eigenen Autor, den berühmten Mr Philpotts. Er lud sie zu sich nach Hause ein, korrigierte Rechtschreibfehler und strich Adjektive.

Der liebe Mr Philpotts! Krummer Rücken, ein Duft nach Pfeffer und ein gelber Ziegenbart.

Streichen Sie, Miss Miller! Geben Sie dem Leser eine Chance! Seine Augen glichen gelierten Stachelbeeren. Er versuchte nicht, ihre blutigen Morde und haarsträubenden Stelldicheins abzuschwächen.

Lebensvoll und überraschend, meinte er. An den Adjektiven jedoch beging er ein brutales Massaker.

Danke, lieber Mr Philpotts, Sie hatten recht.

Ansonsten lief sie in Abendkleidern, zugeschnitten und genäht von Clarissa, Torquays Hänge zum Tanzpavillon am Hafen hinunter. Heimwärts ging sie barfuß, die Schuhe in der Hand, erregt vom Abend.

Sie hatte jede Menge Sexappeal.

So nannten es die Freundinnen. Sie war schlank, schön und verwegen.

Das war das Mädchen, dem Archie begegnete. Er kam auf dem Motorrad nach Ashfield, schwang sein Bein mit einem Schwung über den Rahmen, der sie auf die Hollywoodschaukel sinken ließ, wo sie sitzen bleiben musste, bis die Hitze im Unterleib nachließ.

Versprich, immer so schön zu bleiben, murmelte er zwischen den Küssen.

Sie hörte nicht auf Clarissa, die ihn unzuverlässig fand. Archie glich Rudolph Valentino, den sie später im Kino sahen. Er war dämonisch und selbstsicher. Und schnell gekränkt. Wie viele Männer. Wie Mr Kokoschka, der in ihr Leben eingedrungen war, ohne dass sie darum gebeten hatte, und der die Sitzung heute abrupt beendete, nachdem er von Dingen erzählt hatte, die ihn schmerzten.

Sie hörte voller Mitgefühl zu, erkannte jedoch den Mann in ihm. Archie war ebenso. Wie damals, als der Krieg ausbrach und England mitging. Da rief er an und befahl ihr, den Zug nach Salisbury zu nehmen, wenn sie ihn im Leben noch einmal sehen wollte. Die Passagiere saßen schweigend im Zug, und die Stimmung war düster. Bevor Archie in den Krieg hinaussollte, wollte er heiraten und hatte bereits alle Formalitäten geregelt.

Du bist nicht der Typ, der heiratet, wandte sie ein.

Man kann sich ändern, sagte Archie, und sie war glücklich. Sie heirateten eilig, obgleich es Clarissa nicht schaffte, dabei zu sein, eine Kriegshochzeit. In den folgenden Jahren bekam sie ihn nicht oft zu Gesicht. Er befand sich im Luftraum über Frankreich. In den Wolken über Belgien. Nach dem Krieg wollte er in London leben und Geschäfte in der City machen.

Dieser Mann, seine blitzenden Augen, seine flinke Zunge, seine Reizbarkeit und Wollust, das war die Antwort auf all ihre Wünsche. Sie wurde schwanger, und eine Tochter wurde geboren, Rosalind, getauft nach Shakespeare. Aus Spaß schrieb sie und es wurde abgelehnt.

Sie schrieb es um. Erneute Ablehnung. Am Ende die Veröffentlichung, kleine Auflage, schlecht bezahlt. Dann steigt das Honorar. Archie wird klar, dass ihr Gekritzel Geld bringen kann. Auch ihr selbst wird es klar.

Sie tut alles, was Archie will. Größere Wohnungen, ein Haus auf dem Land und mit der Zeit ein Wagen. Mit ihren Muttergefühlen war es offenbar nicht sehr weit her. Als Archie eine Reise um die Welt machen wollte, fuhr sie mit. Er sollte als Repräsentant der britischen Handelskammer auftreten. Den Kolonien britische Kartoffeln verkaufen, bizarr. Sie stellten ein neues Kindermädchen ein.

Rosalind war ein Baby, und sie blieben zehn Monate fort. In Afrika und Asien. In Indien. An Bord vieler Schiffe war ihr speiübel. Sie schaukelten auf Elefanten und wurden auf Eseln durchgerüttelt, sie schliefen unter löchrigen Moskitonetzen oder in Luxushotels. Der letzte Halt war Hawaii, dort surften sie auf Wellen, höher als ein dreistöckiges Haus.

Sie konnte nicht genug bekommen vom Balancieren auf den Wellen, sie liebte es.

Archie aber wurde krank und erwies sich als unausstehlicher Patient. Sie lernte, dass er bei Schwäche und Handicaps aus dem Gleichgewicht geriet.

Krankheiten ertrug er nicht. Nicht seine eigenen und nicht die anderer. Sie selbst war glücklicherweise stark und gesund. Schrieb genug für ein Landhaus in Berkshire zusammen. Archie taufte es Styles nach ihrem ersten Detektivroman.

Sie kaufte ein Auto und war total begeistert vom Fahren. Sie hatte vier Kriminalromane geschrieben und wollte mit dem nächsten beginnen. Sie beschaffte sich einen Agenten, Edmund Cork, der zum guten Freund wurde und ihr Grundlegendes über die Buchbranche beibrachte.

Doch hat sie nie den Moment vergessen, als Archie und sie von der langen Reise heimkehrten.

Rosalinds Blick war unerreichbar, als käme er von einem anderen Planeten. Mama, rief sie und suchte Deckung bei dem Kindermädchen.

Wer ihre Mutter war, wusste sie nicht.

Die Erinnerung tut weh, und das noch heute.

Sie schrieb ohne Unterlass. Keiner ihrer Detektivromane glich dem anderen. Der Gang der Ereignisse war stets neu und überraschend. Sie hatte sie mit demselben Vergnügen verfasst, wie sie in Papa Freds *Problems* Rätsel löste.

Von ihrem Schwager, Madges Mann, kam der Anstoß zu ihrem fünften.

Mach doch den Erzähler zum Mörder, warf er ein. Eine glänzende Idee.

Wie Menschen lügen, hat sie schon als Kind interessiert. Praktisch alle Menschen lügen. Sie beschließt, einen Erzähler zu wählen, der den Mord geschickt ausführt, doch es vor allen anderen und auch vor dem Leser verbergen kann. Eine der spannendsten Aufgaben, die sie sich je selbst gestellt hat.

Wie soll sie den lügenden Erzähler im Roman gestalten? Am besten sollte er ein netter Kerl sein, den niemand verdächtigen kann.

Gern ein älterer Arzt auf dem Lande. Begeisterter Gärtner und Bücherfreund. Alle im Dorf sind seine Patienten gewesen und haben großes Vertrauen zu ihm. Sie kann Poirot das Nachbarhaus mieten lassen, wo er Kürbisse züchtet. Er und der Doktor werden gute Freunde und versuchen das Mordrätsel gemeinsam zu lösen.

Die Handlung verdichtet sich, und auch die Figuren. Archie und sie hatten ein ausgezeichnetes Kindermädchen, und er selbst störte sie nicht; er spielte Golf. Was ihr Zeit zum Schreiben ließ. Es sollte ihr bestes Buch werden, doch darauf folgte das Unheil Schlag auf Schlag. Sie denkt an all die Verhängnisse Kokoschkas. Und an seine launenhafte Arroganz.

Morgen wird sie ihm mitteilen, dass sie das Porträtieren zu beenden wünscht. Er hat auf der Leinwand nicht viel zustande gebracht, meist nur geraucht und Whisky gepichelt.

So lautet ihr Entschluss. Max und Mathew müssen sich damit abfinden. Sie wirft die Decke beiseite und begibt sich zu ihrer Schreibmaschine.

Kokoschka lehnt sich gegen den Rücksitz des Taxis und London gleitet vorüber. Er sieht Häuser, Autos und Busse, Menschen und die graphitgraue Themse, sehr häufig sein Motiv bei wechselnder Witterung und in verschiedenen Farben. Er greift nach dem gestrigen Abendblatt, das jemand auf dem Sitz vergessen hat. Die Amerikaner gedenken auf dem Mond zu landen.

Ein Wort im Artikel nimmt ihn gefangen: Sonnenwind.

Es ist prall vor Farbe.

Sprache. Oder Sprachspiel, wie Wittgenstein es nannte. Nach außerhalb der Sprache gelangt man nicht. Die Wahrheit lässt sich nicht in Worten ausdrücken. Die Psychoanalyse ist auch eine Sprache und bewegt sich in Kreisen. In Sackgassen. Nichts wird erklärt, außer das vollkommen Banale und Triviale, das, was man bereits weiß. Das Einzige, was nach außerhalb reicht, ist das Gefühl.

Das Wortlose. Die Malerei. Und die Musik.

Er bezahlt das Taxi und nimmt den Fahrstuhl im Hochhaus nahe Paddington nach oben, wo sie vorübergehend zur Miete wohnen. Olda ist nicht daheim, doch hat sie Stapel von Büchern auf dem Esstisch hinterlassen, darunter mehrere von Christie. Er hofft, dass sie unterwegs ist, um Lebensmittel einzukaufen. Er ist hungrig. Seine Stimmung ist auf dem Nullpunkt.

Bist du schon zu Hause? Olda klingt verwundert, als sie kommt.

Ich war nicht in Form. Sie auch nicht. Wir haben die Sache abgebrochen.

Wie ist sie, fragt Olda, als sie am Tisch Platz genommen haben.

Mrs Christie? Anspruchslos, aber bissig. Will nicht über sich selbst reden. Auch nicht gemalt werden. Doch wenn sie zuhört, ist ihr Gesicht voller Leben. Heute war sie verärgert. Dann wird sie uninteressant und ausdruckslos wie ein Dorsch im Atlantik.

Warum war sie verärgert?

Über meinen Tonfall, vermute ich. Ich erzählte von Alma Mahler, wie sie verschwand und in welchem Zustand ich war.

Oh mein Gott, sagt Olda und verstummt.

Er denkt daran, dass Olda noch nicht geboren war, als er sich in Alma verliebte. Alma ist für Olda ungefähr ebenso fern wie Helena und der Trojanische Krieg. Sie essen Fish & Chips, was sie während des Krieges zu schätzen gelernt hatten. Nach der Mahlzeit möchte Olda fernsehen, eine Sendung über die bevorstehende Landung auf dem Mond.

Die Reporterstimmen klingen aufgeregt und vibrieren vor Feierlichkeit. Er selbst lacht rüde über ihren Tonfall. Er glaubt nicht an den Nutzen von Mondfahrten. Nicht an technische Wunder und an das, was man Fortschritt nennt.

Ist doch aber der Mond, Oskar!

Olda gibt ihm einen Klaps mit der Zeitung.

Sie beugt sich auf dem Sofa vor, um nichts zu verpassen. Sie starren den Mond auf dem Bildschirm an, der ein grinsender toter Himmelskörper ist. Dann sehen sie eine Gedenksendung über den verstorbenen Präsidenten Eisenhower, der die Landung der Alliierten in der Normandie geleitet hat. Das war etwas anderes als dieses Mondspektakel.

Sie schalten den Fernseher aus und gehen zu Bett.

Man wusste ja nicht, wo sie geblieben war, sagt Olda, als er schon fast eingeschlafen ist.

Von wem sprichst du?

Von Mrs Christie. Ganz England hat nach ihr gesucht. Weißt du das nicht?

Nein. Wo ist sie gewesen?

Du kannst sie ja fragen, sagt Olda und schlummert ein.

Er ist hellwach und starrt in die Dunkelheit. Morgen muss er Olda fragen, was sie gemeint hat.

Es gibt Nächte, in denen sich der alte Schmerz in Erinnerung bringt, roh und rücksichtslos. Wie ein amputiertes Bein, in dem es juckt. Phantomschmerzen.

Aber tatsächliche. Es ist die Botschaft der abgeschnittenen Nervenstränge. Nach Alma strich er unsicher auf Wiens Straßen umher. Die Stadt war klaustrophobisch. Romana jedoch war es zufrieden.

Er suchte Hilfe bei Freunden. Bei Arnold Schönberg, dessen Malerei ebenso sehr aus Musik bestand, wie die Stücke, die er komponierte. Seine Frau verließ ihn wegen einer Liebesaffäre, doch war sie zurückgekommen. Er sollte Bescheid wissen.

Vergiss sie, sagt der blasse, vergeistigte Schönberg im Café Central, und er empfindet Selbstekel und bricht auf.

Viele seiner Freunde sind Juden, wie Schönberg. Er hat sich eingebildet, dass sie Leiden besser verstehen als andere. Hustend und hinkend schleppt er sich zu den Redaktionsräumen der *Fackel* hinauf, wo Karl Kraus hinter einem Schreibtisch hockt, der überquillt von aufgeschlagenen Büchern, von Aschenbechern und Zigarettenstummeln. Er selbst stützt sich an die einzige freie Wand und glaubt, sie würde über ihn kippen. Kraus schaut ihn kalt an.

Zum Teufel, male, Kokoschka.

Kraus verteidigt alle Sorten von Freiheit. Die der Prostituierten, die der Homosexuellen, auch die der Frauen, wenn sie nicht darauf beharren, Ärztinnen und Künstlerinnen zu werden, und den Reiz des Unterschieds zwischen den Geschlechtern vergessen. Es gibt keine Freiheit, die Kraus nicht verteidigt. Was aber gibt es für eine Freiheit für den, der verlassen worden ist?

Kraus zuckt die Schultern und erzählt von einer neuen Geliebten. Doch ja, ihm sei bekannt, dass Alma Gropius geheiratet hat. Nicht weiter verwunderlich, die Affäre zwischen ihnen war schon bekannt, als Mahler noch lebte. Sei vernünftig. Oder jage ihr ein Messer in die Brust.

Kraus ist keine Hilfe.

Blut strömt bei jedem Schritt, den er nimmt. Alma hat ihm die Eingeweide zerrissen. Er ist voll von Schlamm. Er begibt sich nach Berlin, das vor dem Krieg eine junge, fröhliche Hure war, jetzt aber ein geschundenes Luder ist. Kriegsinvaliden an jeder Straßenecke. Bettler mit blinden Augen. Eine Zeit lang zeichnet er beim Redakteur Herwarth Walden, der dünne Zigaretten raucht und ein Dandy ist, für die Zeitschrift *Der Sturm*.

Er säuft mit der Dichterin Else Lasker-Schüler, die er gern mochte, als sie mit Walden verheiratet war, die aber, seit Walden sie verlassen hat, verrückter ist als je zuvor.

Sie brabbelt von einem neuen Liebhaber, und sein eigener Fäulnisgeruch steigt ihm in die Nase.

Mit unglaublicher Anstrengung sucht er den Kunsthändler Paul Cassirer auf, und sie schließen einen Vertrag: eine Anzahl graphischer Blätter und Gemälde im Austausch gegen eine jährliche Summe. Er verpfändet die Zukunft, um sich ein Überleben zu sichern.

Er fährt nach Dresden und sucht Hilfe im Sanatorium. Dort liegt er untätig in Doktor Teuschlers hellen Räumen und zählt die Stunden. Jede Minute ist ein Messerstich. Welches Glied soll er abhacken? Er ist selbst ein abgehacktes Glied.

Das einzige, was etwas Erleichterung bringt, ist die Erinnerung an *Orbis Pictus*, das Buch aus dem 17. Jahrhundert, das ihm sein Vater in der Kindheit gegeben hatte. Von Johan Amos Comenius, der der Auffassung war, Bilder und Sagen sollten die Grundlage aller Unterweisung sein. Kindern und jungen Leuten sollte eine Vorstellung von Kunst gegeben werden, damit sie eine vernünftigere Welt erschaffen können.

Sagen und Mythen wie bei den Griechen. Vertrauen in die heilenden Kräfte. Zu denen er selbst jeden Kontakt verloren hat.

Ob man ihn vielleicht an der Dresdener Kunstakademie unterrichten ließe? Kein Gedanke daran bei dem Zustand, in dem sich befindet.

Als Kokoschka am nächsten Morgen erwacht, ist er erkältet. Olda muss bei Mrs Christie anrufen und eine Erklärung geben. Sie spricht mit Sir Max, der verständnisvoll ist. Er selbst liegt hustend im Bett und starrt an die weiße Decke. Sie ist eine Projektionsfläche, auf der sich Gesichter abzeichnen, eins nach dem anderen.

Die meisten hat er nie zuvor gesehen, sie sind verwahrlost, unangenehm, brutal und voller Hohn. Am Nachmittag aber, als Olda in der Wohnung staubsaugt und das Radio voll aufgedreht ist und Édith Piaf singt, sieht er ganz deutlich Käthes rosiges Gesicht vor sich.

Käthe war eine treue Freundin. Sie war Schauspielerin und in einigen seiner Stücke aufgetreten, die die Dadaisten aufgeführt hatten. Sie hörte, dass er in Dresden war, und suchte ihn im Sanatorium auf.

Sie stand in der Türöffnung zu seinem Zimmer und riss die Augen auf. Er glich einem Skelett mit rotgeränderten Augen.

Männer können nicht trösten. Frauen können es. Käthe ist schmalhüftig und knabenhaft, zieht rasch die Kleider aus und ist im Bett das reinste Quecksilber. Sie lieben sich, er aber weint. Oskar, du bist wie ein Kind, dass seinen Teddybären verloren hat. Hör auf zu schluchzen.

Sie schleppt ihn zu Konzerten und Theateraufführungen mit. Eines Tages zu einer Ausstellung einer Münchner Puppenmacherin. Die meisten der Puppen sind klein, andere in menschlicher Größe. Sie sind unbeschreiblich realistisch. Können sich jederzeit in Bewegung setzen, wie bei H.C. Andersen.

Sie warten nur auf ein Zeichen, das sie zum Sprechen, Tanzen, Streiten und Lieben bringt. Die Grenze zwischen Leben und Tod ist äußerst schmal.

Käthe stellt ihn der Puppenmacherin vor. Sie ist jünger als er selbst, hat schwarzes Haar, dunkle Augen und einen weißen Hals. Ihr Name ist Hermine Moos.

Es ist im zeitigen Frühjahr. Ein Park und Vogelgezwitscher in den Bäumen. Sie raucht. Sie nickt und glaubt, eine Puppe, wie er sie wünscht, anfertigen zu können, wenn er ihr die Maße und Beschreibungen liefert.

Alles, was Sie wünschen, erwidert er.

Er bestellt die Puppe Alma bei Fräulein Moos. Nicht billig. Doch Alma in seinen Armen halten zu können, ist jede einzelne Mark wert. Kann er das nicht, verliert er noch den letzten Rest seines Verstands.

Dank Cassirer kann er bezahlen.

VIERTE SITZUNG

Am Morgen kommt Kokoschka zusammen mit Olda. London hat seine Sommerlaune zurückerhalten, und unterwegs haben sie Spaß daran, die seilhüpfenden Mädchen auf den Trottoiren und die Fußball spielenden Jungen zu sehen. Sie haben haltgemacht, um eine neue Flasche Whisky zu kaufen; Oskar trägt sie in seiner tiefen Manteltasche.

Mrs Christie ist unten im Park, informiert Sir Max, der sie hereinbittet; auf dem Esstisch hat er ein Fotoalbum liegen und zeigt Bilder aus der Jugend seiner Gattin.

Ein Mädchen auf Rollschuhen am Pier von Torquay. Eine sommersprossige junge Dame mit glitzerndem Blick, auf hohen Absätzen, den Hut keck auf einem Ohr, umgeben von feschen jungen Offizieren in Kairo. Und eine etwas schwerere Frau mit ihrem Mann bei Ausgrabungen im Irak. Auf dem Hintern vor einem Zelt sitzend, die Schreibmaschine auf dem Schoß.

Meine Frau ist eine abenteuerlustige Dame, sagt Sir Max lächelnd.

Mrs Christie kommt aus dem Park herein, mit einem großen weißen Sonnenhut auf dem Kopf. Sie klappt das Album zu und rümpft die Nase. Sir Max lacht. Sie stammen doch aus Prag, sagt Mrs Christie freundlich zu Olda. Die Damen wechseln ein paar Worte, bevor sich Olda verabschiedet.

Agatha geht vor Oskar die Treppe hinauf. Im Zimmer zieht sie den Sonnenhut vom Kopf und lässt ihn zu Boden fallen.

Fühlen Sie sich heute besser?, fragt sie nüchtern.

Er fühlt sich ausgezeichnet.

Setzen Sie sich, sagt sie, ich habe etwas Wichtiges mitzuteilen. Ich bin geradezu lächerlich ehrlich. Ich habe noch nie einen Vertrag gebrochen. Aber ich hinke mit meiner Arbeit hinterher, und das hier zehrt an den Kräften. In Ihrer Abwesenheit ist mir klargeworden, dass ich kein Porträt haben will. Im Übrigen kann ich nicht sehen, dass Sie arbeiten.

Kokoschka schweigt. Sein Blick gleitet über die Wände.

Sie irren sich, sagt er nach einer Weile.

Ich irre mich selten, erwidert sie spöttisch.

Nicht anspruchslos, wie er unlängst zu Olda gesagt hatte, sondern britisch hochnäsig, ganz *upper class*. Sie benimmt sich wie die meistgelesene Autorin der Welt, was sie, wie Olda behauptet, ja auch ist, die Bibel und Shakespeare vielleicht ausgenommen. Wenn Mrs Christie die Porträtbestellung beenden will, kann er nicht widersprechen. Es ist bedauerlich, was aber kann er dagegen tun?

Er seufzt.

Mrs Christie, hören Sie mir zu.

Nichts anderes habe ich getan, Mr Kokoschka.

Ein Porträt ist der Versuch, eine Persönlichkeit einzufangen. Da Sie so wenig sagen, habe ich geredet und vielleicht zu viel. In der Zwischenzeit habe ich Sie studiert. In Ihrem Gesicht gibt es viele Ausdrücke. Ich versuche, sie zu erfassen. Ich habe tatsächlich gearbeitet.

Oh, indeed?

Mit so viel Ironie, wie das Englische nur enthalten kann. Er hat nicht vor, sich provozieren zu lassen. Ein Porträt ist eine Zusammenarbeit zwischen zwei Menschen, wiederholt er. Ich hätte natürlich gewünscht, dass Sie mehr von sich selbst berichtet hätten, über Dinge, die Ihnen vielleicht wehgetan haben, wie ich es gemacht habe.

Mir missfällt es, über mich selbst zu reden, erwidert sie.

Ja. Aber ein Porträt erfordert Zusammenarbeit, Mrs Christie.

Sie haben, sagt sie und sitzt starr aufgerichtet im Sessel, von aufwühlenden Dingen gesprochen. Dass Sie im Krieg verwundet, beinahe getötet worden sind. Dass man Sie verlassen hat. Für Sie ist Zusammenarbeit vielleicht Material bei der Vorbereitung eines Porträts. Jemand, der schreibt aber, muss einsam sein, Mr Kokoschka. Distanz haben. Die Dinge auf Abstand halten können. Sie bringen mich dazu, an Dinge zu denken, die ich am liebsten vergessen will. Das stört die Arbeit an dem Buch, an dem ich sitze.

Ungeachtet dessen, was sie gesagt hat, schraubt er ein paar seiner Farbtuben auf, Blau in verschiedenen Nuancen und Weiß, und drückt Farbe auf die Palette. Sie sieht ihm zu, ohne die Sache zu kommentieren. Bis auf Weiteres betrachtet er ihr Gesicht und fährt mit seiner Arbeit fort.

Liebe Mrs Christie, sagt er nach einer Weile. Ich frage mich, wovor Sie Angst haben?

Angst? Sie hebt die Stimme. Sie hat Tausende von Gestalten erfunden, Servierfräuleins, Bankiers, entzückende Damen in Pensionärsheimen, die sich als Mörderinnen herausstellten, Archäologen im Mittleren Osten, Passagiere auf dem Nil, Kriegsflüchtlinge, Irrsinnige und Exzentriker. Sie waren am Schreibtisch geboren worden. Ihnen stoßen schreckliche Dinge zu, sie selbst aber sitzt wohlbehalten an der Schreibmaschine.

Sie verstehen, fährt sie fort, Schreiben ist ein eigentümlicher Job. Es ist wie mit Puppen zu spielen.

Sie erinnert sich an ihr großes Puppenhaus in Ashfield und beschreibt es ihm. Viele Zimmer. Ess- und Kaffeegeschirr, Kristalllüster und Möbel. Wunderbare kleine Figürchen, Kinder und Erwachsene.

Vor dem Puppenhaus kniend, sorgte ich dafür, dass die fürchterlichsten Dinge geschahen. Ich genoss es. Dass es meinen Puppen zustieß: Blut, Scheidungen, Misshandlung der Ehefrau, Kindermord — auf diese Weise konnte es mir nicht passieren.

Ein kurzes Lächeln zieht über ihr Gesicht.

Ich bin ein kindlicher Mensch, Mr Kokoschka.

Ich spiele noch immer mit Puppen.

Sie hat eine ihrer rätselhaftesten Gestalten Mr Quin genannt, Mr Harley Quin, den man Harlekin ausspricht. Er scheint in das Bewusstsein anderer hineinblicken zu können. Er sieht Zusammenhänge, die andere nicht erkennen. Er hat magische Züge. Einen solchen Menschen gibt es nicht, seine Merkmale hat er vermutlich von der Commedia dell'arte.

Kokoschka gießt einen Whisky ein und zündet sich eine Zigarette an. Er streckt die Beine aus, lehnt sich im Stuhl zurück und bläst den Rauch aus.

Jetzt werde ich Ihnen etwas erzählen, sagt er, und das, was ich sagen werde, handelt ebenfalls von Puppen. Er blickt an die Decke hoch, während er von der Puppenmacherin und der Puppe Alma berichtet, die er bestellt hat.

Auch ich brauchte eine Puppe, Mrs Christie.

Agatha reißt die Augen auf.

Sie wollten mit einer kleinen Puppe spielen, die Alma darstellte?

Keiner kleinen. Einer in natürlicher Größe. Nach Almas Maßen.

Eine in tatsächlicher Größe?

In jeder Hinsicht so viel Alma wie möglich.

Agatha hebt ihren großen Sonnenhut vom Boden auf und fächelt sich Luft zu. Kokoschka ist wahnwitziger, als sie sich hatte vorstellen können. Davon muss sie mehr erfahren. Wie Sie wollen, Mr Kokoschka, fügt sie einen Moment darauf hinzu.

Wir arbeiten zusammen. Erzählen Sie von der Puppe.

Er schrieb an Fräulein Moos und sandte ihr so genaue Maße wie möglich, aus der Erinnerung des Gefühls an einen wohlbekannten und geliebten Körper.

Die Sehnsucht nach Alma war zerrüttend.

Innendrin war er tot.

Die Briefe an Hermine waren ein Versuch, Leben zu erlangen. Im Herbst 1917 wurde er überraschend nach Stockholm zu einer Ausstellung österreichischer Kunst eingeladen, die von der Regierung Österreichs organisiert worden war. Er reiste hin. Die Stadt in ihren klaren Herbstfarben war unbeschreiblich schön.

Inseln schwammen wie Törtchen auf dem Wasser.

Die Werke der Kollegen in Liljevals Kunsthalle waren wenig beeindruckend. Er versuchte sich an ein paar eigenen Aquarellen, die nicht gut ausfielen. Er wurde höflich empfangen und durfte zwei Nobelpreisträgern die Hand schütteln, Selma Lagerlöf und

Svante Arrhenius. Doch hatte er im Übrigen nur zwei Dinge im Kopf.

Das Erste war, den Schmerz nach dem Verlust von Alma loszuwerden. Das Zweite war, zu vermeiden, zum Militär und in den Krieg geholt zu werden. Er hörte von einem Wiener Professor berichten, der den Nobelpreis erhalten hatte und Spezialist für Gehirnstörungen war.

Er besuchte ihn im Krankenhaus von Uppsala. Professor Baranyi setzte ihn auf einen Stuhl, der mit grässlicher Geschwindigkeit rotierte, was einen Krampf im Gehirn auslösen sollte. Einen Kurzschluss. Ein Ausradieren.

Doch ihm wurde lediglich übel, und er brach die Sache ab.

Der Professor war jedoch so freundlich, eine Bescheinigung für das Österreichische Kriegsministerium auszustellen, die seine Untauglichkeit für den Kriegsdienst bezeugte.

Um Alma zu vergessen, begann er in Stockholm eine Affäre mit Frau Carin von Kantzow. Jeden Tag schickte er ihr ganze Arme voller Rosen in der Hoffnung, Eros damit zu erweichen, anders gesagt, dass ihn Verliebtheit überkommen möge. Der Liebesgott aber war mürrisch und schwieg.

Sie wollte, dass sie heiraten. Er konnte nicht. Es dürfte sie vielleicht amüsieren, Mrs Christie, zu hören, dass Frau von Kantzow ein paar Jahre später den Flugequilibristen und späteren Naziführer Hermann Göring geheiratet hat.

Really, Mr Kokoschka?

Welch seltsamer Zufall. Doch möchte ich mehr über die Puppe Alma erfahren.

Er kehrte nach Dresden zurück und sandte Fräulein Moos eine Unmenge an Zeichnungen von Almas Körper und unzählige Fotos. Er gab Anweisungen, wie die Puppe gemacht werden sollte. Er beschrieb exakt, was er haben wollte.

Und was wollten Sie haben?

Ich wollte Alma unter meinen Händen spüren.

Er prüfte Stoffe in den Läden: Seide, Leinen und Baumwolle. Er schrieb an Hermine, sie solle für das Haar echtes Menschenhaar benutzen. Er besuchte Handschuhmacher, um zu verstehen, wie sich Häute zu äußerster Zartheit gerben ließen.

Er schaute bei Handwerkern vorbei, die Rosshaar verarbeiteten.

Kauf ein gebrauchtes Sofa, schrieb er an Hermine, schlachte es aus und desinfiziere das Rosshaar; es ist das beste Material als Unterlage. Ich gab ihr Anweisungen für die Kleidung, die sie für Alma nähen sollte, zum Beispiel ein rotes Abendkleid aus Brokat.

Auf meinen Skizzen von Almas Körper markierte ich den Übergang von Skelett und Muskeln zu weichem Fleisch durch dicke Schichten weißer Farbe.

Übergänge sind wichtig für das Gefühl, schrieb ich.

Ich war ein fleißiger Besucher von Dessous-Geschäften. Einmal ergatterte ich exquisite Damenhöschen aus Seide, in der Kriegszeit ein echter Fang.

Kokoschka lächelt leicht und fährt fort.

In meinen Briefen ging ich ins Detail. Achten Sie darauf, dass der Mund sich öffnen lässt, schrieb ich, und dass es hinter den Lippen Zunge und Zähne gibt.

Bemühen Sie sich speziell bei den Brustwarzen. Sie sollen nicht voll hervorstehen. Studieren Sie Rubens Gemälde der Frauenbrust.

Nähen Sie Beutel voll Daunen für das weiche Fleisch des Leibes. Kümmern Sie sich nicht um die Bücher der

Anatomie. Legen Sie Ihre Hände auf den eigenen Körper und spüren Sie diesem nach, dann verstehen Sie, wovon ich rede.

Warten Sie einen Moment, wirft Mrs Christie ein, ich begreife Sie nicht ganz ...

Das spielt keine Rolle. Manche Dinge begreift man nicht. Sehnsucht ist ein immenser Trieb im Menschenleben. Das wissen Sie sicher.

Ich war vor Sehnsucht außer mir.

Lieber Mr Kokoschka, hören Sie zu. Wollten Sie wirklich die echte Alma durch eine Puppe ersetzen? Und sie wie ein Mann in Gebrauch nehmen? Räumen Sie das ein? War es ein sexueller Fetisch, den Sie sich zu beschaffen versuchten?

Kokoschka kommt auf die Beine und geht zum Fenster. Er stützt die Arme gegen den Fensterrahmen und schaut hinaus. Wendet dann den Blick zurück ins Zimmer. Ich war gezwungen, die schmerzhafte Abwesenheit auszulöschen.

Die Sehnsucht nimmt ihren eigenen Weg, Mrs Christie. Die Korrespondenz mit Fräulein Moos füllte meine Tage aus, sie wurde ein *journal intime*. Wenn man sich nach einer Speise sehnt, kann man sie essen, bis man eines Tages genug davon hat. Lassen Sie uns sagen, dass es so gewesen ist: Ich wollte von meiner Besessenheit loskommen.

Indem Sie Alma durch eine Puppe ersetzten?

Das klingt nüchtern. Ich will es lieber so ausdrücken, dass wir ein Kunstwerk erschufen, Mrs Christie.

Ein Kunstwerk erschufen?

Ja, und zum ersten Mal tat ich das in Zusammenarbeit mit einer Frau. Fräulein Moos und ich hatten uns zusammen an eine Geburt gemacht. So sah ich das Mrs Christie.

Kunst und Leben sind zwei verschiedene Dinge, Mr Kokoschka.

Kunst ist Leben, Mrs Christie. So wie Leben Kunst ist. Mich ekelte der Tod in mir. Es widerte mich an, Mann zu sein. Der Krieg hatte mich innerlich stumm gemacht, und der Verlust von Alma zwang mich einzusehen, wie verletzlich ich war, wie ein Kind.

Oder eine Frau, wirft Mrs Christie ein.

Ganz und gar nicht. Die Quelle der Kunst ist weiblich. Das sollten Sie wissen. Puppen, die lebendig werden, sind in der Kunst immer ein Motiv gewesen. Es war ein Kunstwerk, das Fräulein Moos im Begriff stand mit meiner Hilfe zu schaffen. Oder ich mit ihrer Hilfe. Ja, sie und ich gemeinsam.

Mrs Christies Finger beginnen auf der Stuhllehne zu trommeln.

Pygmalion verliebt sich in sein eigenes Werk, erwidert sie. Will sagen, in sich selbst. Männliche Genies wollen über Leben und Tod herrschen, auch das ist ein uraltes Motiv in der Geschichte und in der Kunst. Ziemlich banal, wenn man es genau bedenkt.

Kokoschka schüttelt den Kopf.

Es herrscht Schweigen. Das Licht wandert durch das Zimmer.

Und. Fiel die Puppe zu Ihrer Zufriedenheit aus?

Mrs Christies Tonfall ist scharf.

Sie hat mit steigender Verwirrung zugehört. Er wollte bei der Geburt den Platz der Frau einnehmen, sagt sie sich. So weit ist es begreiflich. Die Frau schenkt Leben. Das lässt den Mann Neid empfinden. Mehr Männer sollten das einsehen. Das aber ändert nichts an dem, was für sie das Schockierendste ist, dass er offensichtlich glaubte, er könne Leben erschaffen. Meint er das? Vielleicht aber ist er nur übergeschnappt.

Kokoschka sitzt vor ihr auf dem Stuhl. Er legt die Arme um den Körper und denkt laut. Was ist Kunst, sagt er. Kunst entsteht im Zwischenraum zwischen der Wirklichkeit und dem Gefühl. In diesem Zwischenraum haben wir die Freiheit, etwas zu erschaffen. Kunst wird aus dem Drang geboren, die Leere zwischen Wirklichkeit und Traum zu beleben. Es ist ein autonomer Raum.

Sie spielen selbst mit Puppen, Mrs Christie. Ihre Figur Harlekin, zum Beispiel. Sehr einfallsreich. Zu Ihrer eigenen Befriedigung machten Sie ihn lebendig.

Nein. Ich wusste, dass Harlekin meiner Fantasie entsprang.

Und da wird die Kunst geboren, wo sonst?

Kunst ist nicht Wirklichkeit.

Nicht?, erwidert er. Trauern Sie nicht, wenn der Zug Anna Karenina zerschmettert? Oder Madame Bovarys Welt in Trümmer fällt? Oder wenn Doktor Faustus seinen Pakt mit dem Teufel schließt und ihm seine Seele verkauft?

Sie verdrehen die Worte, wendet sie ein. Trotzdem ist Anna Karenina kein Mensch aus Fleisch und Blut.

Und auf welche Weise, Mrs Christie, unterscheidet

sie sich von diesen? Es geht um unser Innerstes. Kunst ist unsere Kommunikation mit dem inneren Menschen.

Kunst ist ebenso eigenständig wie das, was wir Wirklichkeit nennen. Im Grunde kann man sie nicht voneinander trennen, und die dümmsten Vorstellungen entstehen, wenn man es versucht. Stets gibt es ein Stück, das beiden Reichen angehört.

Alright, Mr Kokoschka. Wir haben unterschiedliche Meinungen. Am Ende aber wurde die Puppe doch wohl fertig, und was geschah dann?

Die ersten Fotografien aus München trafen im Winter 1918 ein. Einzigartig, bei näherer Inspektion hatte er jedoch Beanstandungen. Hände und Füße mussten gefühlvoller gestaltet werden.

Im selben Zeitraum wurde mir angeboten, an der Kunstakademie zu unterrichten, ich bezog eine Wohnung bei Hans Posse, dem Direktor des Dresdner Kunstmuseums, und konnte im Erdgeschoss über ein paar Zimmer verfügen.

Die Bedienung, ein Hausmädchen, mussten sie sich teilen.

Anderes geschah, wie Sie sich erinnern, in Berlin wurde Karl Liebknecht von einem rechten Mob erschossen und Rosa Luxemburgs Leiche in den Landwehrkanal geworfen. Die Anarchie nahm mit jedem Tag zu. Homosexuelle beiderlei Geschlechts zeigten sich offen auf der Straße. Die Soldaten forderten Brot und Frieden. Der Bürgerkrieg stand bevor. Ich sah all das, doch war ich selbst vom Warten auf Alma erfüllt.

Im Mai 1919, als der Krieg beendet, alles aber äußerst unsicher war, nahm ich die Holzkiste auf dem Dresdener Bahnhof in Empfang, fiebrig vor Erwartung bei dem Gedanken, in Kürze Alma in meinen Armen zu halten. Ihre Abwesenheit war eine tägliche Pein gewesen, ein Fieber, ein Leiden.

Die Kiste wurde auf die Ladefläche eines Mietwagens bugsiert. Daheim machte ich mich daran, den Deckel aufzubrechen. Eine letzte Hülle aus Papier, und dann meine Alma. Mir zitterten die Hände, und Schweiß stand mir auf der Stirn.

Kokoschkas blauer Blick fixiert Mrs Christie, die eine schwer beschreibliche Erwartung packt. Was würde er zu sehen bekommen? Würde Alma Mahler leibhaftig aus der Kiste steigen und ihn umarmen?

Er schien es geglaubt zu haben.

Gottlob aber ist er aufrichtig.

In der Kiste lag eine leblose Schaufensterpuppe. Eine formlose Attrappe mit starren Augen. Er sank weinend zu Boden.

Und was, um Himmels willen, hatten Sie erwartet?

Ich argwöhnte natürlich, erwidert Kokoschka, dass Hermine Moos einen bösen Scherz mit mir trieb. In der Kiste lag ein Monster, eine Halbäffin, eine Karikatur. Fräulein Moos machte sich als Frau über mich lustig. Ich weinte vor Enttäuschung. Nicht nur wegen des Aussehens der Puppe. Auch, weil ich geglaubt hatte, dass wir uns einig waren.

Ich hörte nicht, dass das Hausmädchen an die Tür klopfte, plötzlich aber stand sie im Zimmer und schlug entsetzt die Hände zusammen. Aber bester Herr Kokoschka, was ist denn los? Dann erblickte sie die Puppe.

Sie war erstaunt, dann erfreut und am Ende total verzückt. Vorsichtig hob sie Alma aus der Kiste. Trug sie durchs ganze Zimmer. Jedes Mal, wenn sie zum Putzen kam, beschäftigte sie sich mit Alma.

Sie legte sie aufs Bett.

Guckte ihr unter den Rock, um zu sehen, was sie für Unterwäsche trug. Sie probierte neue Stellungen für sie aus, und sie sprach mit ihr. Alma schien ihr Antwort zu geben, und sie gurrten zusammen wie die Tauben. Für das Hausmädchen war Alma ein wahres Wunder.

Er selbst schrieb empörte Briefe an Hermine.

Dem von Ihnen gesandten Gegenstand mangelt es an Form. Die Beine scheinen von Elephantiasis betroffen. Sie haben den Körper, vielleicht wegen der Weichheit, mit Federn bedeckt, doch sollte sie ja trotz allem kein Vogel, sondern eine Frau sein. Haben Sie die Gestalt in weiblichem Zorn fabriziert? Um mich zu verhöhnen?

Ich habe Ihre früheren Puppen gesehen, Sie können es besser. Was verfolgen Sie mit der hier für eine Absicht? Fräulein Moos ließ nichts von sich hören, und der Kontakt brach ab.

Er saß in seinem Zimmer und betrachtete die beiden Frauen. Es war Frühling, und das Sonnenlicht spielte zwischen den Parkbäumen. Unter den Händen des Hausmädchens bekam Alma Leben. Sie wanderten

Seite an Seite durchs Zimmer. Almas Glieder beugten sich weich, und sie lächelte.

Nach einiger Zeit wurde ihm klar, dass Alma ein vortreffliches Modell war, weder wurde sie müde, noch fror sie. Da fing er an zu malen.

Ich malte mich selbst mit Alma neben mir: mein breites Idiotengesicht, mein groteskes Kinn. Und in meinen Armen lag Alma mit leuchtenden Augen.

Hieß das Hausmädchen Holde?, fragte Mrs Christie.

Nach einiger Zeit nannte ich sie Reserl, mit einem österreichischen Kosenamen. Reserl verhielt sich, als wäre sie Almas kleine, sie vergötternde Kammerzofe. Ich kaufte ihr ein schwarzes Kleid mit weißer Schürze. Wenn Direktor Posse die Dienste des Mädchens nicht in Anspruch nahm, spielten wir zusammen mit Alma. Unter Reserls Händen konnte Almas Gesicht und Körper einen bewegenden Ausdruck zeigen.

In der Wohnung über uns starb Direktor Posses Vater, und ich wurde hinaufgerufen, um die Leiche abzuzeichnen. Die Todeskälte drang mir in die Glieder, und ich fror. Die Kunstakademie hatte für die Nacht geschlossen, und es hallte öde und verlassen im Treppenhaus. Am Fuß der Treppe aber stand

Reserl und wartete. In ihrem schwarzen Kleid mit der Rüschenschürze.

Sie frieren, liebster Herr Kokoschka.

Sie knickste und nahm meine Hand, führte mich zur Badestube im Keller. Dort hatte sie ein heißes Bad eingelassen. Der Mond schien durchs Deckenfenster, und Reserl zog sich aus, obgleich sie betonte, dass kein Mann sie zuvor nackt gesehen hatte. Sie war ein junges Mädchen, ungemein süß. Wir badeten im Mondschein, und die Kälte wurde in die Flucht getrieben.

Mrs Christie schweigt, und dann klingt sie sarkastisch.

Als Ersatz für Alma haben Sie also Reserl in Gebrauch genommen?

Wir spielten, wie ich sagte, Mrs Christie.

Es entgeht Kokoschka nicht, dass Mrs Christie skeptisch klingt. Müsste er wegen dem, was er erzählt, Scham empfinden? Und warum sollte er das?

Er ist aufrichtig.

Mrs Christie, ich hatte nicht den Eindruck, dass sie prüde sind. Reserl war klug. Sie war voller Wärme. Es kam vor, dass sie mitten in der Nacht erschien und zu mir und Alma ins Bett kroch. Wir bedienten unsere

Herrscherin gemeinsam und spielten miteinander. Unsere Spiele sind mir als warm und schön in Erinnerung. Oh, Herr Kokoschka, rücken Sie ein wenig zur Seite, sagte sie. Fräulein Reserl, erwiderte ich.

Wir hatten unsere Rollen. Wir spielten und lachten zusammen. Zwischen Spiel und Kunst liegt nur ein Katzensprung.

Ja, erwidert Mrs Christie. Ein Katzensprung. Und wie lange ging das Spiel?

Eine Weile, sagt Kokoschka. Bis ich mein Abschiedsbankett für Alma gab. Ich wollte ihr, als es an der Zeit war, einen prächtigen und denkwürdigen Abschied bereiten.

In Deutschland herrschte nach dem Krieg Anarchie, und die verbreitete sich auch bis nach Dresden. Es kam zu Demonstrationen und Schießereien, in einem Fall vor der Kunstakademie, wo er unterrichtete. Eine verirrte Kugel riss ein Ölgemälde von Rubens auf.

Er wurde zornig und schrieb einen Protest an die Zeitungen, der in einer großen Anzahl von ihnen veröffentlicht wurde. Er erhielt Erwiderungen in Form von Attacken, Pamphleten und Aufrufen. Georg Grosz, Otto Dix und andere Künstler warfen ihm vor, ein romantischer Phrasendrescher zu sein. Sie hielten sich selbst für sachlich und glaubten an den Marxismus.

Was sie von ihm hielten, kümmerte ihn nicht.

Kunst ist der Gegensatz von Gewalt, sagte er zu seinen Studenten, die in mechanischer Nachahmung gedrillt waren und nichts über ihr Inneres wussten. Er stellte sie vor ein Gemälde von Caspar David Friedrich. Zeigte ihnen, mit welcher Aufmerksamkeit und

Liebe jedes einzelne Zweiglein gestaltet war. Das Sehen ist Liebe, sagte er zu ihnen.

Zu sehen ist Liebe.

Die Freiheit zu sehen kommt von innen her.

Schert euch nicht um das, was eure Zeitgenossen malen, gebt das wieder, was in eurem Inneren entsteht. Lernt von den wahren Meistern, von denen, die Leben erschaffen. Versucht, die Dinge ebenso durchschaubar zu machen wie sie.

Und das zur selben Zeit, als sie mit Reserl und Alma Umgang hatten, Mr Kokoschka?

Ja, Mrs Christie.

Zeigten Sie sich mit ihnen auch vor der Tür?

Einige Male unternahm ich Fahrten durch Dresden mit Kutscher und Wagen und mit Alma in ihrer elegantesten Aufmachung, von Reserl ins Gespann gehoben. Ich genoss es, ihr Dresdens Barockarchitektur zu beschreiben und auf die Formen der Wolken hinzuweisen. Der Kutscher knallte mit der Peitsche, und die Sonne wärmte. Alma ließ ihren Kopf auf meine Schulter gleiten, als der Wagen über die Pflastersteine holperte.

In Dresden musste man über sie getratscht haben.

Das hatte man natürlich. Menschen sind neugierig. Sie schauten uns lange hinterher, wenn wir auf der Straße vorbeifuhren. Wenn ich vom Wagen sprang, um eine Kiste Zigarren oder eine Flasche Wein zu erstehen, fanden sich Bürschlein und Frauen ein, um Alma zu berühren und ihre Kleider zu befingern. Wenn ich auftauchte, verschwanden sie rasch.

Der Klatsch wusste auch zu berichten, dass ich Alma ins Restaurant einlud, wo sie ein eigenes Menü erhielt, und dass ich sie mit in die Oper nahm. Geschichten wie diese waren im Umlauf, und die meisten waren Lügen. Um Klatsch habe ich mich nie gekümmert, Mrs Christie.

Warum nahm Reserl nicht an ihren Ausfahrten teil?

Sie hielt es nicht für angemessen.

Agatha sitzt schweigend da. Dann stößt sie hervor:

Noch nie habe ich von einer perverseren Dreiecksgeschichte gehört. Zwischen Ihnen, einer Puppe und einem Hausmädchen.

Kokoschka denkt nach.

Bestimmt haben Sie selbst noch seltsamere Dreiecksbeziehungen als diese hier erfunden, und noch weit perversere, Mrs Christie. Unsere war freundlich, harmonisch und konfliktfrei.

Ich glaube, Sie wollen sich mit mir einen Spaß erlauben.

Warum glauben Sie das, Mrs Christie?

Darf ich fragen, ob Sie mit Alma oder mit Reserl geschlafen haben oder mit beiden?

Kokoschka sieht sie kurz an und bricht in Lachen aus.

Sie dürfen natürlich fragen, was immer Sie wollen, Mrs Christie, solange Sie nicht wie eine bigotte Kleinstädterin klingen. Das steht Ihnen nicht. Doch dass Sie sich nach dieser Sache erkundigen, bedeutet ja wohl, dass wir uns ziemlich nahegekommen sind.

Nein. Das finde ich nicht. Eher, dass ich genau das bin, was Sie vorschlagen, antwortet Mrs Christie. Eine bigotte Kleinstädterin.

Das sind Sie ganz und gar nicht! Sie sind nur überrascht, weil Sie nie etwas Ähnliches gehört haben. In meinem Inneren war einiges aus dem Gleis geraten. Sie müssen wohl selbst irgendwann einmal etwas getan haben, was Ihnen schwerfiel, anderen zu erklären. Etwas, wozu uns sehr starke Gefühle treiben. Sie sind unsere besten Wegweiser, geben Sie mir da nicht recht? Es dauerte seine Zeit, bevor ich gesundete.

Erzählen Sie von Ihrer Gesundung, Mr Kokoschka.

Direktor Posse hatte den Festsaal des Kunstmuseums für den Abschied zur Verfügung gestellt. Die Gäste waren Theaterleute, Dichter, Musiker und Maler. Kokoschkas Freundin Käthe kam mit ihrem Mann und deren Theatergauklern. – Das Sommerlicht fiel auf weiße Tischtücher und funkelnde Gläser, und ein Streichquartett spielte. Es war Zeit, Lebewohl zu sagen.

Also, auch dabei half Ihnen Reserl, Mrs Kokoschka?

Ja, und es machte ihr Spaß.

Bevor Alma ankam, hielt ich eine Rede. Der Mensch gleicht einem Baum, erinnere ich mich gesagt zu haben. Alle haben wir die Kraft zum Wachstum in uns. Altes muss begraben werden, wenn Neues geboren werden soll. Ein Wald, der vernichtet wird, ist nicht verloren, wenn nur ein einziger Baum erhalten bleibt. Der einsame Baum strebt danach, den ganzen Reichtum der Schöpfung wiederzugeben. Ich hieß die Gäste zu einem Begräbnis willkommen, das zugleich eine Geburt war.

Danach kam Alma, auf Reserls erhobenen Armen in den Saal getragen.

Sie war festlich gekleidet mit ihrem roten Abendkleid aus Brokat. Perlen um den Hals. An ihrem Busen hatte Reserl eine Rose befestigt. Die kastanienroten Locken fielen offen herab.

Ein Raunen ging durch den Bankettsaal. Die Gäste begrüßten sie mit einem Applaus. Sie saß wie eine Königin an meiner Seite. Die Leute stellten sich auf die Zehenspitzen, um sehen zu können. Ich küsste ihr höflich und ritterlich die Hand. Die Augen der Gäste waren auf sie gerichtet.

Ihre Anwesenheit elektrisierte die Gesellschaft.

Wir aßen, und wir tranken. Der Abend wurde, wie von mir erhofft, zum ausgelassenen Bacchanal. Der Wein strömte, und die Musikkapelle spielte. Munteres Geplauder stieg zur Decke. Sich selbst wiederzufinden braucht Zeit.

Ich hatte die Bedeutung des Wartens gelernt. Am Höhepunkt des Abends fasste ich Alma zum letzten Mal um den Leib. In Liebe und Zorn warf ich sie hinaus zu den Gästen.

Sie flog in hohem Bogen durch die Luft.

Ihre Locken flatterten. Arme streckten sich aus, um sie aufzufangen. Sie wanderte durch viele Hände. Man fütterte sie mit Gabeln. Man goss ihr Wein in den Mund. Spätnachts verlor sie ihren Kopf, und der Wein breitete sich wie Blutflecken auf dem weißen Tischtuch aus. Ich verließ die Gesellschaft und ging heim.

Die Morgenluft in Dresden war klar und leicht zu atmen, und ich war äußerst müde. Und schlief sofort ein.

Mrs Christie schüttelt ungläubig den Kopf.

Nun, und was war danach, Mr Kokoschka?

Danach hörte er berichten, wie die immer betrunkeneren Gäste das Begräbnis vollendet hatten. Alma wurde, kopflos und im Brokatkleid, in den Park hinausgebracht. In der Morgendämmerung spielten ein paar bezechte Herren Fußball mit ihr.

Ein Freund, Oboist im Opernorchester, sah es von einer Bank aus, wo er sich ausgestreckt hatte, um nüchtern zu werden. Im Morgengrauen wachte er auf, und vor einem Müllwagen stand ein alter Klepper. Die Sonne schien. Zwei Männer schickten sich an, Abfall und leere Flaschen vom Rasen hinaufzuschaufeln. Sie blieben stehen, als sie Alma erblickten. Mit einem kräftigen Spatenschwung wurde sie auf den Müllwagen gehoben, und das Pferd trottete weiter.

Am Vormittag weckte ihn ein Hämmern an der Tür. Es waren zwei Gendarmen, die behaupteten, ein Zeuge habe die Leiche einer Frau gesehen, die sich zuvor in seiner Gesellschaft befunden habe. Es gelang ihm, sie mit zur Müllanlage zu lotsen. Dort, zwischen Lumpen und Flaschen, Eierschalen und stinkendem Abfall, erblickten sie den roten Brokat, und die Sache klärte sich auf. Er war von Alma befreit.

Sie haben Alma ein grässliches und schmähliches Begräbnis bereitet, Mr Kokoschka.

Aber auch ein großartiges. Warum sind Sie so aufgebracht?

Ich weiß, wie verlassen Sie sich fühlten, erwidert sie. Doch nahmen Sie schrecklich und äußerst männlich Rache. Und Reserl, Mr Kokoschka! Sie haben sie missbraucht. War sie etwa zu dem Bankett eingeladen? Nein, denn sie war nur ein Hausmädchen.

Geben Sie mir eine Zigarette, befiehlt sie.

Kokoschka gehorcht und zündet sie ihr an.

Sie raucht, drückt die Zigarette aber nach wenigen Zügen aus. Warum ich aufgebracht bin, Mr Kokoschka? Ich weiß es selbst kaum. Doch irgendetwas ist es. Vielleicht, weil sie sich selbst so ungemein gut beschreiben. Ihre Arroganz. Ihre schönen Äußerungen über die Kunst. Alles hatten Sie für Ihr eigenes Wohlbefinden arrangiert, und es war Ihnen geglückt.

Reserl war nicht nur Almas Dienerin, sondern im höchsten Grad auch die Ihre.

Kokoschka sitzt, den Rücken durchgedrückt, auf dem Stuhl.

Habe ich jemanden verletzt oder jemandem Schaden zugefügt, Mrs Christie? Ich suchte Heilung. Es stimmt, dass es mir geglückt war. Die Depression war vorüber.

Haben Sie Reserl etwa nicht verletzt?

Wie denn? Sie ist freiwillig in mein Bett gekrochen. Wir spielten. Sie hatte mindestens ebenso viel Spaß an diesen Spielen wie ich.

Mrs Christie blickt schweigend aus dem Fenster.

Frauen können die reinsten Satansbraten sein, sagt sie nach einer Weile. Ich weiß das sehr genau. Ich glaube, dass Alma Mahler so gewesen sein muss. Ich bin nicht gerade eine Feministin. Sie haben symbolisch an Alma Rache genommen. Doch will ich wissen, was mit Reserl geschah.

Ich weiß es nicht, Mrs Christie.

Sie wissen es nicht? Agathas Finger trommeln auf der Stuhllehne.

Nein, ich weiß es nicht. Am nächsten Tag war sie fort. Sie hatte ihre Siebensachen gepackt und sich in der Nacht auf den Weg gemacht. Nicht einmal Direktor Posse wusste, wohin sie verschwunden war. Ich suchte nach ihr, doch nicht die geringste Spur.

Also haben Sie sie nach Ihrem großartigen Schauspiel verlassen?

Oder sie mich.

Oh nein, Mr Kokoschka. Sie wusste, dass sie ein *stand-in* war. Ihre Rolle in Ihrem Leben war beendet, als es Alma nicht mehr gab. Das hat sie verstanden. Das Spiel war zu Ende. Sie haben sie missbraucht. Ich weiß Bescheid, auch ich bin verlassen worden.

In welcher Weise? Erzählen Sie, Mrs Christie.

Nein. Es ist schon spät, und wir wollen ins Theater.

Kokoschka bindet sich die Schürze ab. Sie kann noch seinen verblüfften Blick wahrnehmen, bevor sie sich trennen. Als er auf die Straße hinauskommt, ist es fast dunkel. Im Park, der dem Haus gegenüberliegt, stehen Bäume und Büsche gleich formlosen Gespenstern.

Der Bus kommt, und er steigt zum Oberdeck hinauf.
Der Weg führt durch die tiefe Schlucht zwischen den
Häuserfassaden. Seitlich und an den unteren Rändern
flackern Feuer. Gesichter drängen sich zu beiden Sei-
ten der Schlucht, Gesichter und abermals Gesichter.
Bilder, aus dem Zusammenhang gerissen, tauchen auf.

Er verließ Dresden und reiste durch Europa und
Nordafrika. Er malte. Hatte Frauen. Vor dem Krieg
hielt er sich eine Zeit lang in Paris auf, wo er Loos wie-
dersah. Der Freund war alt geworden und wollte ihn
zu Hummer einladen, ließ sich jedoch nicht in der
Gaststätte blicken. Er fand ihn in einem Hotelzimmer,
abgezehrt und fahl zwischen dreckigen Laken.

Du bist nicht gekommen, Kokoschka.

Falsch, Loos, du bist nicht gekommen.

Loos wühlte zwischen dem Bettzeug und bekam einen großen Hummer zu fassen, den er auf die Zude-
cke warf.

Lass ihn dir schmecken.

Die Erinnerung tut weh. Kann man leben, ohne anderen Schmerz zu bereiten? Er war nicht dazu gekommen, Mrs Christie zu erzählen, wie lange er nach Reserl suchte. Viel später, nach dem Bombardement der Alliierten im Zweiten Weltkrieg und nach dem Feuersturm, der Dresden total zerstörte, hatte er die Suche fortgesetzt.

Niemand wusste etwas.

Er sieht das Gesicht seiner Mutter vor sich, es ist 1934, und Wien brennt. Er ist nach Hause zurückgekehrt, zu den Kämpfen zwischen Sozialisten, der Dollfuß-Regierung und dem Nazipack. Drei Tage lang steht Romana, seine Mutter, die stets sagte, sie sei im Feuer geboren, am Fenster und blickt auf die Flammen hinaus, während der Aufstand der Sozialisten niedergeschlagen wird.

Nach diesen drei Tagen legt sie sich ins Bett und stirbt.

Das Feuer, die Schöpferkraft, hat er von ihr. Es wärmt noch immer und mit anderer, größerer Kraft. Nach Ende des Zweiten Weltkriegs gründet er ›Die Schule des Sehens‹ in Salzburg, wo er unterrichtet. Sie ist für alle da, nicht nur für Maler. Zu sehen bedeutet, sich mit dem Gefühl in Verbindung zu setzen.

Mrs Christies Gesicht taucht auf, er sieht ihren Zorn. Heute war es das erste Mal, dass sie Gefühle gezeigt hat, die ihren Sarkasmus, den Humor und die Kontrolle durchbrechen.

Dann sieht er Oldas junges Gesicht vor sich. Es ist in Prag. Er befindet sich auf der Flucht vor Hitler. Schon 1933 hatte man seine Bilder aus den öffentlichen Museen entfernt. 1937, nach der Ausstellung ›Entartete Kunst‹ in München, nahm die Bedrohung weiter zu. Sämtliche moderne und abstrakte Kunst nannten die Nazis jüdisch, und die Maler wurden verfolgt. Schimpansenmalerei, schmähten sie. Auch ihn wollten sie zum Juden machen, was sie gern durften.

Er floh nach Prag, wo er sich wohlfühlte. Mit Olda geht er auf der ›Kleinseite‹ am Fluss entlang. Sie hat die Sonne in den Augen.

Kein Gedanke daran, dass er und das intelligente Mädchen ein Paar werden könnten, sie war sehr jung. Er ist von ihren Gedanken und der Art, wie sie den Kopf in den Nacken wirft, väterlich angetan. Es entsteht das Porträt von Präsident Masaryk.

Einem klügeren Staatsmann ist er nie begegnet.

Olda aber ist vorausschauender als er und beschafft Tickets für den letzten Londonflug vor Ausbruch des Krieges. Rettung in letzter Sekunde. Gänzlich ihr Verdienst. Olda kam in sein Leben geglitten, so wie ein vom Wellenschwall getragenes Boot an Land gleitet, bis er eines Tages einfach einsah, dass er sie liebte.

Sie ist die Antwort auf sein Leben. Die Frau ist Antwort.

Er hat ihr all das, was er zu Mrs Christie gesagt hat, nicht erzählt. Es ist nicht nötig; auch ohne Worte weiß Olda alles über ihn.

Ist er die Antwort auf ihr Leben? Sie behauptet es.

Paddington Station, und er steigt aus.

Er setzt sich in einen Pub auf dem Bahnhof und bestellt ein großes *Stout*. Das Kreischen der zahllosen Züge. Gellende Ausrufe in den Lautsprechern, und Leute, die vorübereilen. Gesichter. Ständig neue Gesichter. Er denkt an den Mythos von Daphne.

Eine scheue kleine Nymphe, die, von Apolls sexuellem Ansinnen erschreckt, die Götter um Hilfe anflehte. Der Flussgott hörte sie und verwandelte sie in einen Lorbeerbaum. Mrs Christie erinnert an Daphne, schüchtern und scheu. Ein Wasserwesen an einem Fluss. Er tritt den Stummel mit dem Absatz aus und kauft an einem Stand eine Blume für Olda.

Er begibt sich heimwärts. Die Sommerluft ist lau. Die Straßen sind voller Menschen.

Er sieht Hermine Moos' Gesicht vor sich, ihre dunklen Augen und ihren weißen Hals. Lange Zeit wusste er nichts über sie. Nicht, bevor er viele Jahre nach dem Krieg in einer kleinen Kunstzeitschrift auf ihren Namen stieß. Sie war Malerin, wie er selbst. Das Puppenmachen war nur eine Nebenbeschäftigung und diente der Versorgung.

Sie war Jüdin. Vor dem Krieg nahm sie sich das Leben. Ihre Mutter wurde in Auschwitz ermordet.

Von Hermines Malerei ist nichts geblieben, nicht einmal ein Foto. Versuchte er sie zu verführen, wie es Mrs Christie einmal angesprochen hatte? Das glaubt er nicht. Wenn sie es so verstanden hat, erhielt er ihre Zurückweisung in der Gestaltung von Alma.

Er wird es niemals erfahren. Auch nicht, was mit Reserl geschehen war.

Sie sind im Theater, und anschließend begleiten sie ein paar Schauspieler des Stücks *Die Mausefalle* auf einen Drink nach Hause. Agatha mag Schauspieler gern. Als sie mit fröhlichem Lachen gerade aufgebrochen sind, kommt Mathew herein, der geliebte Enkelsohn.

Er hat Licht gesehen, und die Tür stand offen.

Seine Mutter, Rosalind, ist schroff und kurz angebunden, und Agatha fürchtet ihre Tochter ein wenig. Rosalind weiß immer alles am besten. Daher glaubt Agatha, sie müsse sich verstellen, um gut genug zu sein und Kritik zu vermeiden. Das lässt sie stets auf der Hut sein. Mathew jedoch, dem schlaksigen jungen Mann in Boots und Jeans, gehört ihr ganzes Herz.

Er umarmt sie und will wissen, wie es ihr mit Kokoschka ergehe? Max kredenzt ihm einen Whisky und erklärt, er wolle Kokoschka und dessen Frau zu einem größeren Essen einladen, wenn das Porträt fertig ist. Mathew ist erfreut und will um jeden Preis dabei sein.

Natürlich wirst du dabei sein! Unterm Tisch stößt Agatha ihrem Enkelsohn spielerisch gegen den Fuß. Ist er nicht einzigartig, will Mathew wissen und meint Kokoschka.

Sie hatte sich von ihm mit gewisser Zwiespältigkeit getrennt und weiß nicht, was sie antworten soll. Die Balkontür steht offen, und die Sommerluft strömt herein. Sie erhebt sich und tritt auf den Balkon hinaus. Hinter sich hört sie Mathew fragen, ob Max meint, dass es für eine Schachpartie zu spät sei.

Sie kehrt ins Zimmer zurück und zaust Mathew im Vorbeigehen den Schopf. Spielt ruhig Schach, wenn ihr es noch schafft, sagt sie, ich aber will ins Bett.

Gefällt dir dein Porträt, Granny?

Mathews Augen sind voller Erwartung.

Ich habe es mir nicht angeschaut, entgegnet sie.

Granny, bist du nicht bei Trost? Du stehst kurz davor, einen Platz in der Kunstgeschichte einzunehmen, und siehst dir nicht an, was *il maestro* tut? Sie lächelt ihm zu. Als sie die Treppe hinaufgeht, sieht sie die Köpfe der beiden unterm Lichtkreis der Lampe, Mathews wilde Locken und Max' ergrauten Scheitel, gebeugt über das Schachbrett.

Max war für Mathew wie ein Vater gewesen. An seinen eigenen erinnert er sich nicht. Wenn von dem Mann etwas übrig ist, liegt es bestenfalls unter einem weißen Kreuz in der Normandie.

Jetzt pack ich dich, Maxie.

Nix da, antwortet ihr Mann.

Sie sieht Max' Streichholz über der Pfeife aufflammen.

Sie kann nicht schlafen. Verlässt den schnarchenden Max, zieht eine Wolljacke über und geht in die Küche hinunter.

Sie nimmt die Teetasse mit auf den Balkon hinaus. Die Bäume im Park stehen reglos, wie in Kupfer gegossen. Sie denkt an Clarissa, ihre Mutter.

Entsinnt sich der langen Gute-Nacht-Geschichten, ausladend und endlos. Nie ein Abschluss, irritierend für ein kleines Mädchen. Man will, dass die Geschichten ein richtiges Ende finden. An das Jahr, in dem Clarissa starb, erinnert sie sich voller Schmerz. Sie hatte Rosalind und Archie in London zurückgelassen und war mit dem Wagen zu ihrer kranken Mutter nach Ashfield gefahren.

Nie zuvor hatte sie den dortigen Verfall bemerkt. Saftflaschen, gekrönt von Schimmel. Gärende eingelegte Pilze und stinkende Stücke Fleisch. Schubläden und Schränke, die überquollen vor Papier, Zeitungsausschnitten, ungeordneten Fotos und unbezahlten Rechnungen.

Clarissa lag im Bett mit erloschenem Blick.

Wenig später holte ihre Schwester Madge die Mutter zu sich nach Nordengland hinauf. Sie selbst blieb in Ashfield zurück, um aufzuräumen.

Mitten in der Nacht wachte sie auf und wanderte im dunklen Haus umher. Draußen standen die Bäume wie scharfkantige Grabsteine, weiß und tot. Der Mond glich einer Leiche. Sie saß auf einem Stuhl und zitterte vor Kälte.

In dieser Nacht starb Clarissa.

Ihr halbes Ich schien ausradiert, als ihre Mutter nicht mehr war. Sie vergaß alles, eines Tages sogar ihren eigenen Namen.

So etwas geschieht nicht, ihr aber ist es geschehen. Sie stand in der Bankfiliale mit den unbezahlten Rechnungen ihrer Mutter. Zum Unterzeichnen schob der Bankbeamte ein Papier über den Tisch.

Sie hielt den Stift in der Hand. Es glückte ihr nicht, zu schreiben.

Der Name war davongewirbelt.

Ein Absturz direkt ins Nichts. Kein Boden. Die Bankleute halfen ihr zu einem Stuhl. Dort wusste man, wer sie war, und der Name kehrte zurück. Ein Name ist Identität, und die hatte sie verloren.

Sie schrieb und arbeitete hart. Sie musste den Mord an Roger Ackroyd vollenden. Das Buch über den lügenden Doktor, der der Mörder war, wurde ihr bestes, darin waren sich die Kritiker einig.

Und dann Clarissas unterkühltes Begräbnis.

Das Gesicht im Sarg klein, fremd und unzugänglich. Neben ihr stand Archie und strahlte Kälte aus.

Nun, sie wusste, dass er Krankheit und Tod nicht ertrug. Daheim in London aber war er infam. Du bist fett geworden, Agatha. Sie betrachtete sich im Spiegel. Du vernachlässigst dein Äußeres. Es stimmte, sie hatte ununterbrochen gearbeitet und keine Zeit gehabt, zum Friseur und in Konfektionsläden zu gehen.

In der Wohnung in London wichen sie sich aus.

Was stimmt nicht, Archie? Womit bist du unzufrieden? Es war Nacht. Rosalind schlief, und Archie stand mit dem Rücken zu ihr am Feuer. Sie hörte ihre eigene Stimme scharf und fordernd werden. Sag, was los ist, ich will es wissen!

Er drehte sich zu ihr um.

Sein Gesicht war leer.

Ein weißes Blatt Papier. Er war der Killer: Jemand, den man glaubt in- und auswendig zu kennen, der sich jedoch als ein ganz anderer entpuppt. Von wem redest du, Archie? Ihr Mund bewegte sich mechanisch. Wer denn? Was für eine Frau? Das Mädchen, mit dem du Golf spielst?

Schock; wenn einem der Boden unter den Füßen weggerissen wird.

Nichts ist so, wie man geglaubt hatte. Mit nackten Füßen geht man durch Scherben, Splitter und Glas. Die Füße bluten. Alles muss umgedacht werden. Das Puzzle vollkommen neugelegt werden.

Es wurde unerträglich, mit ihm unter einem Dach zu leben. Sie setzte sich in den Morrison und fuhr nach Styles. Spätherbst; nackte Bäume und verlassene Felder. Auf dem Rücksitz hatte sie Rosalind und das Kindermädchen, Miss Carlo. Sie erinnert sich an einen großen Vogel über den schwarzbraunen Äckern.

Sie betrachtete ihre Hände auf dem Lenkrad, sie waren stark. Das, was Agatha Miller, nunmehr Christie, auszeichnete, war Beherrschung.

Keep smiling. Eine glückliche Kindheit. Auch eine geglückte Ehe. Die Familie und Archie waren das Einzige, was ihr etwas bedeutete, die Detektivgeschichten kamen an zweiter Stelle. Und das, was geschah, das geschah nicht ihr, sondern einer fremden Frau.

Die sie studieren konnte.

Und das tat sie auch, gründlich.

Die Straße unterhalb des Balkons liegt verlassen da. Sie stellt ihre Teetasse auf den Balkontisch und lauscht dem trockenen Klirren. Es ist kalt geworden. Wer ist sie, ein schreibender Automat? In den Rezensionen wird das hin und wieder behauptet. Nein, sie ist stark, humorvoll und ausgeglichen. Darin sind sich alle einig.

Am Eisengitter des Parks taucht ein alter, krummrückiger Mann auf, begleitet von einem lächerlich kleinen Hündchen. Sie folgt ihnen mit dem Blick, bis sie verschwinden. Zieht dann die Wolljacke enger um sich. Es ist die Stunde des Wolfs.

Sie nimmt die leere Teetasse und schließt die Balkontür hinter sich. Sucht mit etwas Mühe eine Schlaftablette hervor.

FÜNFTE SITZUNG

Am nächsten Morgen erscheint Kokoschka ohne Mantel; die Sonne hat seinem Gesicht eine kleidsame Bräune verliehen. In der Diele hatte er Sir Max getroffen. Während er die gestreifte Schürze umbindet und Farbtuben heraussucht, fragt er, wie sie sich begegnet sind. Agatha nimmt einen Schluck aus dem Wasserglas.

Max und ich?

Tja. Ich war 38 Jahre alt und frisch geschieden. Um auf andere Gedanken zu kommen, kaufte ich mir eine Fahrkarte für den Orientexpress und fuhr nach Bagdad.

Kokoschka lässt einen Pfiff ertönen. Sie, als Frau, allein?

Warum nicht? Ich hatte Spaß daran, in verlausten Beiruter Herbergen zu schlafen, den Markt von Damaskus zu durchforsten, mich in Istanbul im Luxushotel einzuquartieren oder im ausrangierten Bus durch Persiens Wüsten und Gebirge zu rumpeln.

Kannten Sie jemanden dort, Mrs Christie?

Nein. Aber ich schrieb an den bekannten britischen Archäologen Leonhard Wolley, der mich bei seiner Ausgrabung in Ur willkommen hieß. Seine Gattin war ein unausstehliches, dominantes Weibsbild, das Frauen verabscheute. Doch hatte sie einiges von Agatha Christie gelesen und bewunderte sie. Das Beisammensein verlief ausgezeichnet, und für das Jahr darauf wurde ich erneut eingeladen.

Da hatten sie einen Begleiter für mich ausgewählt. Das war Max, der Assistent von Wolley, der mir den Rest des Landes zeigen sollte.

Sie erwähnt nicht die Briefe von Rosalind: Verdammte Scheißmama. Wie wäre es, wenn Du die Freundlichkeit hättest, einem mitzuteilen, wann man Dich das nächste Mal zu Gesicht bekommt? Und sie erwähnt auch nicht, dass sie mit aller Macht versucht hatte, seine Begleitung abzuwehren. Sie würde beim nächsten Geburtstag vierzig werden, war alt und unattraktiv. Worüber sollte sie mit einem 25-jährigen Mann reden?

Max erwies sich als wunderbarer Reisegefährte, erzählt sie Kokoschka.

Er geleitete sie in Booten über den Fluss. Er zeigte ihr die engen Gassen von Bagdad. Sie fuhren nach Ishafan. In Schiras standen sie am Grab des Poeten Hafis. Sie fühlten sich in der Gesellschaft des anderen sofort wohl. Er besaß einen unbezahlbaren Humor. Sie war kaum wieder daheim angekommen, da tauchte er auch schon in England auf.

Er war keck und selbstsicher, hockte auf ihrer Bettkante und machte ihr einen Heiratsantrag. Sie wehrte mit beiden Händen ab.

Nie im Leben. Kommt überhaupt nicht infrage. Du bist nicht gescheit.

Er wandte ein, er sei dafür bekannt, ungewöhnlich gescheit zu sein.

Sie fragte ihre Schwester um Rat.

Ein Glücksritter, antwortete diese, weise ihn auf der Stelle zurück.

Sie fragte Rosalind, ihre maulige Tochter, die überraschend erwiderte, sie hätte sich schon gedacht, dass auch ihre Mutter, genau wie ihr Vater, eines Tages wieder heiraten würde. Aber wenn du heiratest, sagte Rosalind, musst du vermutlich im selben Bett schlafen wie er, vielleicht hast du dazu keine Lust?

Sie heiratete Max.

Rosalind: Über sie muss man sagen, dass sie loyal ist. Sie hat nie über ihren Vater gesprochen, als ihre Eltern geschieden waren, obgleich sie ihn liebte. Sie bekam einen Halbbruder. Sie lernte ihn nicht kennen, soviel Agatha weiß, erst viel später bei Archies Begräbnis.

Wie ist es Rosalind ergangen?

Darüber haben sie nie gesprochen.

Sie haben eigentlich über nichts von Gewicht gesprochen. Wessen Fehler ist das? Rosalind besitzt auch nicht das geringste Quäntchen Fantasie. Sie ist so nüchtern wie eine Multiplikationstabelle. Inzwischen aber weiß Agatha eins: dass sie ihre Tochter im Stich gelassen hat.

Die Distanz zwischen ihnen ist seltsam, wenn man bedenkt, wie nahe sie selbst ihrer Mutter stand. Vielleicht verläuft Mutterliebe in Wellen. Allzu viel Wärme in einer Generation und Abstand in der nächsten? Die Sache ist quälend. Wir sind zu verschieden, hat sie sich gesagt. Sie hat nicht vor, mit Mr Kokoschka über Rosalind zu sprechen.

Er studiert Mrs Christies wechselndes Mienenspiel.

Ihr Gesicht gleicht einer Filmleinwand. Schnitt folgt auf Schnitt.

Wir sind jetzt seit fünfunddreißig Jahren verheiratet, fährt Mrs Christie fort. Solange die Politik es zugelassen hat, waren wir gemeinsam bei Ausgrabungen im Irak und in Syrien. Ich wurde ein Teil des Teams. Ich filmte die Arbeiter, Araber, Kurden und Jesiden, ebenso wie ihre Frauen. Mit meinem Gesichtswasser säuberte ich antike Vasen. Max hatte, als wir uns kennenlernten, noch nie einen Detektivroman gelesen. Dafür war ich dankbar.

Ihre Romane hatten zum großen Teil seine Ausgrabungen finanziert; das erzählt sie Kokoschka nicht. Auch dort hatte sie geschrieben. Ohne Unterbrechung. Mit Max das Bett zu teilen, gefiel ihr. Im Winter wärmt er und kühlt im Sommer.

Jetzt aber presst sie die Finger an die Schläfen und seufzt.

Ich habe leider heute Nacht schlecht geschlafen, Mr Kokoschka. Ich schaffe es nicht mehr, in diesem kleinen Zimmer zu sitzen. Die Wände ersticken mich. Mir bleibt keine Luft zum Atmen. Nein, nicht eine Sekunde länger in diesem Zimmer.

Kokoschka schlägt einen Spaziergang vor.

Sie nickt und setzt den Sonnenhut auf, und sie verlassen das Haus. Sie gehen an den Häusern von Chelsea entlang, die sich sämtlich gleichen. Damen begegnen ihnen, mit wuscheligen Hunden an der Leine. Sie kommen an einem Alten in flatternden Hosen vorüber, der mit einem kleinen Jungen Ball kickt.

Sie gehen bis nach Fulhamn und zur Themse hinunter.

Dort setzen sie sich in ein Gartenlokal.

Kokoschka bestellt Weißwein, und ein uralter Kellner bringt die Gläser an den Tisch. Sie schauen auf den grün glitzernden Fluss hinaus. Rings um sie sitzen andere Menschen bei ihren Gläsern und Teetassen.

Der Wind streicht durch die Baumkronen. Schwere Sandschuten, flinke Motorboote und prächtige Segelschiffe ziehen auf der Themse vorüber.

Und im nächsten Krieg, Mrs Christie, was geschah da mit Ihnen?

Well, well. Max war nach Ägypten verlegt. Ich vermisste ihn. Die halben Wochen verbrachte ich als Krankenpflegerin in einem Londoner Kriegshospital.

Kehrte abends heim, briet mir einen Fisch, falls ich einen aufgetrieben hatte, und schrieb ein paar Stunden am nächsten Buch. Ging schließlich zu Bett nach einem kurzen Flehen, das Haus möge verschont bleiben.

Die Deutschen bombardierten Nacht für Nacht. Mehrere Häuser um das unsere im Londoner Zentrum sanken in Schutt und Asche. Unseres blieb unangetastet. Zufall oder Vorsehung?

Und Sie, Mr Kokoschka?

Wir heirateten, Olda und ich, während einer kurzen Pause der Luftangriffe. Doch konnten wir nicht in London bleiben. Wir fürchteten ständig, dass man uns als Ausländer ausweisen würde. Das passierte vielen. Wir ließen uns in Cornwall nieder. Ich mag die Landschaft. Die zum Meer abfallenden Klippen und die wütende Brandung. Ich malte jeden einzelnen Tag.

Großartig. Dort haben sie beide also während des Krieges gewohnt.

Ich möchte gern mehr über ihr Leben wissen, Mrs Christie.

Sie nimmt das Weinglas hoch und stellt es, ohne zu trinken, wieder ab.

Ich bin eine alte Elefantenkuh mit dicker Haut,

erwidert sie, die mehr Menschen erfunden hat, als man zählen kann. Pastoren, Landstreicher und Kokotten. Erbinnen, Schmuggler, Ladeninhaber und Heroinsüchtige, arrogante Engländer und tückische Chinesen.

Und darüber hinaus bin ich meinen Lesern gefällig mit einer Welt voll unwahrscheinlicher Ereignisse. Wer ich aber selbst bin, weiß ich nicht.

Kokoschka zieht den Rauch ein und kickt mit dem Fuß in den Schotter.

Ach. Sie glauben also, Sie sind ihnen gefällig?

Natürlich bin ich das. Doch halte ich mich an Fakten. Wenn ich über Tennis schreibe, sollen Tennisspieler keine Fehler finden. Ein paar meiner Bücher spielen in Mesopotamien, in Ägypten, in Jordanien und in Griechenland. Alles, was ich schildere, habe ich mit eigenen Augen gesehen. Jetzt schreibe ich am nächsten Buch und bediene mich dabei einer eng verwandten Elefantenkuh namens Ariadne Oliver. Meine Leser kennen sie sehr gut.

Und wer ist sie?

Eine weltberühmte Autorin von Detektivromanen und eine gute Freundin von Hercule Poirot. Sie ist alt und konfus, geschwätzig, verrückt nach Äpfeln und grundgescheit. Durch sie erhalte ich Gelegenheit, mich selbst auf die Schippe zu nehmen. Das bereitet mir Vergnügen, und auch meinen Lesern. Diesmal ist das Mordopfer ein kleines Kind.

Kokoschka dreht sich zu ihr um, äußerst aufmerksam.

Ein Kind, sagen Sie?

Ein unausstehliches kleines Mädchen. Ein schmeichlerisches Gör, das damit prahlt, einen Mord gesehen zu haben. Das geschieht auf einem Kinderfest, und alle sind ihrer von Herzen leid. Doch sagt sie die Wahrheit und wird aus diesem Grund ermordet.

Kokoschka nimmt einen großen Schluck vom Wein.

Sie sagen, Sie wüssten nicht, wer Sie sind, Mrs Christie. Doch bei dem, was man schafft, ist man zu einem gewissen Grad stets selbst anwesend. Auch Sie. Mrs Oliver ist ein Teil von Ihnen und das kleine Mädchen ebenso, das Sie so großtuerisch und unerträglich finden.

Oh nein, Mr Kokoschka. Ganz und gar nicht. So hätten es meine Interviewer von der Klatschpresse gern. Sie suchen in meinen Büchern nach mir. Das bringt ihnen nichts. Ich schreibe, um mir selbst zu entgehen. Wenn ich schreibe, gibt es mich nicht. Das ist angenehm. Nahezu narkotisch.

Mit dem Blick folgt sie einem schnörkeligen Dackel. Die Möwen schießen im Sturzflug herab und tauchen mit zappelnden Fischen im Schnabel wieder auf. Jenseits des Flusses erstreckt sich London träge im Sonnendunst unter den Wolken hin, ein Körper aus Häusern, Kirchtürmen und Sendemasten.

Niemand kann sich selbst entgehen, Mrs Christie. Sie gestalten unwahrscheinliche Ereignisse, wie Sie sie nennen, damit nichts Ihnen Schmerz bereiten kann. Ich aber möchte behaupten, dass Sie die Welt darstellen. Den Hass und die Liebe. Gewalt und Leidenschaft. Sexualität und Erotik. Ich bewundere Ihr Talent.

Mrs Christie bricht in Lachen aus und wendet sich ihm zu.

Schön, wenn Sie mich bewundern. Doch, was erotische Schilderungen angeht, bin ich leider richtig mies. Vollkommen unbegabt, einigen meiner Kritiker zufolge. Außer vielleicht, fügt sie nachdenklich hinzu, bei den Romanen von Mary Westmacott.

Und wer zum Teufel ist Mary Westmacott?

Kokoschka hat nie von ihr reden hören. Mrs Christie nimmt ihr Glas, und jetzt trinkt sie.

Den ersten, erwidert sie, schrieb ich 1930 nach meiner Scheidung, über einen kleinen Jungen, der Musiker werden will. Den zweiten, der den Titel *Das unvollendete Porträt* trägt, schrieb ich ein paar Jahre später. Er schildert einen widerwärtigen Aufbruch, zu dem ein Mann seine Frau veranlasst. Dieses Buch ist äußerst aufrichtig. Es handelt vom Preisgegebensein. Und von Erniedrigung. Im Roman *Sie ist meine Tochter* wird eine Frau geschildert, die die neue Ehe ihrer Mutter nicht akzeptieren kann.

Mary Westmacott schreibt von Menschen, die ihrem Glück gegenseitig im Weg stehen, aus Motiven, die sie selbst nicht erfassen können. Es sind Romane über das, was uns Menschen tief im Innersten lenkt: Scham, Schatten und Schuld. Bisher sind sechs Romane von ihr erschienen.

Von Ihnen verfasst?

Aber natürlich, was glauben Sie denn?

Sie sind unglaublich. Davon hatte ich keine Ahnung.

Dafür bin ich dankbar, Mr Kokoschka. Nicht viele

wissen das. Mary Westmacott ist nicht gefällig. Sie schreibt richtige Romane, sehr ehrliche. Aber natürlich habe ich mich zuweilen gefragt, warum ich genötigt war, mich in mehrere Autoren aufzusplittern. Ich war wohl zu feige, unter meinem eigenen Namen aufrichtig zu sein.

Sie sitzen eine Zeit lang schweigend da und lauschen dem sanften Rauschen in den Bäumen.

Neulich abends, fährt Kokoschka fort, kam mir in den Kopf, dass Sie an Daphne erinnern.

Die scheue Nymphe, Mr Kokoschka, die Apoll entflieht?

Ja, an Daphne. Sie gleichen ihr.

Es stimmt, dass ich scheu bin. Dass mich aber ein Gott begehren würde? Dass ich vor der Erhabenheit fliehen würde, von der Dichtung umfangen zu werden? Nein, hören Sie! Ich trachte nicht nach dem Nobelpreis.

Sie lacht eine Weile.

Wie dem auch sei, erwidert Kokoschka, jedenfalls haben Sie eine clevere Methode angewandt, um sich zu verstecken. Sie sind so irrsinnig begabt, dass Sie in einem anderen Genre Karriere machten.

Mrs Christie wendet ihm ihren Blick zu, ein leises Lächeln in den Augen. Ich habe nie abgestritten, Mr Kokoschka, dass ich professionell bin.

Der Nachmittag ist vorübergeglitten. Sie haben unter den Bäumen gesessen und den Fluss betrachtet. Haben Kinderwagen und Hunde gesehen, weißhaarige Paare, Arm in Arm vorübertappend, einsame Fußgänger und verliebte, schäkernde junge Leute.

Der Wasserlauf der Themse ist langsam dunkler geworden.

Die unteren Ränder der Wolken sind nun rosa gefärbt, und die Tische ringsum haben sich geleert. Mrs Christie wirft einen Blick auf ihre Armbanduhr und streckt ihre Hände Kokoschka entgegen.

Er kommt auf die Füße und zieht sie aus dem Stuhl hoch. Ihr fülliger Körper ist nahezu gewichtslos, will ihm scheinen.

SECHSTE SITZUNG

Agatha zufolge ist Mr Kokoschka ein alter Romantiker und Metaphysiker. Er kann Kunst und Leben nicht auseinanderhalten. Es ist geradezu eine Religion, was seine feierliche Wortwahl erklärt. Sie selbst ist nüchterner.

Er sitzt vor ihr mit seiner lächerlichen Schürze und hantiert mit seinen Geräten. Sie ist überzeugt, dass er für seine Schüler eine Inspirationsquelle ist. Die Episode mit der Puppe Alma will sie mal dahingestellt sein lassen.

Doch ist er ein Mann. Und sie hat die Männer studiert. Sie weiß eine Menge über ihre Irrationalität, ihre sexuelle Eitelkeit und ihren Kampfgeist. Sie weiß auch so einiges über ihren eigenen Wahnsinn.

Ich denke, sagt Mrs Christie, Sie haben mich wohl missverstanden. Unsere Gegenwart ist eine säkulare, sie ist antiromantisch. Nüchtern und sachlich. Ohne Religion.

Leider absolut wahr, erwidert er, und das nimmt mir ein wenig den Atem.

Wie immer zuckt sie vor seinem scharfen blauen Blick zusammen.

Glauben Sie nicht, ich sei vor Apoll geflohen. Ich habe ein Niveau der Kommunikation gefunden, das mir entspricht. Sie haben kürzlich gesagt, Mr Kokoschka, ich hätte eine clevere Methode gewählt, mich in den Detektivgeschichten zu verstecken, so als wäre ich vor der Dichtkunst geflohen. Das ist falsch. Ich unterhalte meine Leser. Ich führe ein Gespräch mit ihnen. Das schätzen sie.

Und im Grunde genommen brauchen sie es.

Die Welt ist chaotisch.

Sie trägt an diesem Tag ein blaues Kleid und darüber eine blaue kurzärmelige Jacke. Er sucht zwischen den Farbtuben, um verschiedene Nuancen von Blau zu finden.

Eisblau. Meeresblau. Indigo. Ultramarin. Blau wie die Dünung unter einem grauen Himmel. Wie der blaue Schatten zwischen dicht stehenden Bäumen im Wald. Oder wie der leichte Schimmer der Steine am Wasserrand, wenn die Ebbe eintritt.

Er zieht den Pinsel über die Leinwand.

Auch ich führe Gespräche, Mrs Christie. Malen ist Technik. Und Inspiration. Im Grunde aber ist es ein Gespräch. Kunst lässt den Abstand zwischen der Wirklichkeit und der Erfahrung derselben schrumpfen.

Mrs Christie fährt fort: Wie soll man die Studenten verstehen, die überall revoltieren? In Paris, London, Rom und Warschau. Nie ist es ihnen so gut gegangen wie heute. Sie predigen wie die Pfarrer in der Kirche. Ich bin überzeugt, die unablässige Propaganda für das Gutsein wird das Gegenteil bewirken, Bosheit und Anarchie.

Darüber werde ich in einem künftigen Krimi schreiben, mit der ganzen Welt als Schauplatz. Eines Tages werde ich zur politischen Autorin werden.

Das glückt Ihnen bestimmt, antwortet Kokoschka. Doch bin ich ganz und gar nicht Ihrer Meinung. Gott sei Dank revoltieren die Jungen. Das sollten noch viel mehr Menschen tun. Wer, zum Teufel, kann damit zufrieden sein, wie die Welt aussieht. Sie ist ungerecht und voller Ungleichheit. Es herrscht ein Gleichgewicht des Schreckens. Und kalter Krieg. Ich fürchte den Stillstand. In Moskau. In New York. Und hier.

Kann ich mehr Licht hereinlassen?

Er will den weißen Schimmer auf ihrem Gesicht sehen.

Ziehen Sie die Gardine weg, erwidert sie kurz.

Das Wetter war schlecht, sagt Mrs Christie übergangslos. Es war im Dezember bei Schneegestöber. Sie scheint auf etwas zurückzukommen, worauf? Auf etwas, was er selbst gesagt hat? Er will nicht stören oder unterbrechen, jetzt, wo sie endlich redet.

Die Frau stand eine Weile am Bett der schlafenden Tochter. Sie hob den Teddy auf, der zu Boden gefallen war, und legte ihn ins Bett zurück.

Dann setzte sie sich in den Morrison und begab sich hinaus in die Nacht. Schneegeflimmer und verschwommene Sicht. Der Mann war mit der neuen Frau bei Bekannten in der Gegend. Im Wagen wütete bohrender Schmerz. Ein wildes Tier mit drohend erhobenem Schwanz und geweiteten Nüstern, bereit zum Sprung.

Die Scheibenwischer legten eine kleine Fläche frei, die sich umgehend wieder schloss.

Nach längerer Fahrt fing der Motor an zu stottern

und erstarb. Die Frau stieg aus dem Wagen und wartete auf ein Wunder. Es erschien in Gestalt eines pickli-
gen, rotgesichtigen jungen Mannes in Stiefeln, Wind-
jacke und Sportmütze.

Er bastelte eine Weile am Motor herum und bekam
ihn zum Laufen. Sie dankte und fuhr weiter, obgleich
ihr die Straße nicht im Geringsten bekannt vorkam.

Sie fuhr ziemlich lange weiter. Bis der Morrison
ganz aus eigenem Antrieb einen steilen Hang hinun-
terbog und von einem Gestrüpp aufgefangen wurde, wo der Motor endgültig verstummte. Das einzige, was sie sah, war Dunkelheit, Baumstämme und
Schneetreiben.

Was tut man in einer solchen Lage?

Die Frau nahm ihre Handtasche und stieg aus dem
Wagen.

Die Schneeflocken machten sie blind, doch tastete
sie sich zurück, hinauf zur Straße. Sie ging am Weg-
rand entlang, bis ihr die Füße wehtaten, da begann
es bereits zu dämmern. Als das Licht kam, befand sie
sich bei einem kleinen hölzernen Bahnhofsgebäude.
Dort setzte sie sich hin und wartete auf einen Zug, der
auch kam. Sie stieg in London aus. Am Bahnhof las

sie eine Anzeige von einem Hotel mit Spa in der Stadt Harrogate.

Noch früh am Morgen wanderte sie planlos durch London, als ihr plötzlich einfiel, dass sie einen kaputten Ring in der Handtasche hatte. Sie fand ein Juweliergeschäft, das geöffnet hatte, und gab den Ring zum Reparieren ab. Sie bezahlte und nannte als Adresse das Hotel mit Spa.

Eins ergab das andere. Sie ging zurück zum Bahnhof und kaufte eine Fahrkarte nach Harrogate, nördlich von Leeds in North Yorkshire gelegen. Die Zugfahrt dauerte mehrere Stunden. Sie schlief ein, und der Schaffner weckte sie.

In Harrogate nahm sie ein Taxi zum Hotel. Sie stellte sich an den eleganten Rezeptionstresen, bat um ein Zimmer und meldete sich als Miss Tressa Neele aus Kapstadt an, auf zeitweiligem Besuch im Heimatland. Ihr Gepäck würde später eintreffen.

Der Portier, ein freundlicher grauhaariger Mann, verbeugte sich; dem stand nichts im Wege.

Sie wurde in ein nettes Zimmer gewiesen, in dessen Kachelofen ein Feuer brannte. Sie zog ihre Sachen aus und ging ins Bett. Möglicherweise schrieb sie im Kopf an einem Traktat für ein neues Genre. Es hieß *Die Kunst, mit einem Mann zu leben.* Regel Nr. 1: Nicht streiten. Nr. 2: Sieh zu, Geld zu beschaffen, ohne viel Wesen darum zu machen. Nr. 3: Immer schön sein. Nicht klagen. Nicht einmal, wenn er sich in eine jüngere Frau verliebt. Das ist inklusive. Das gehört zu den Regeln, et cetera, und schließlich, sich nie mehr vorwerfen, ihn vernachlässigt zu haben.

Ihn aber bei guter Laune halten.

So hatte sich diese Frau verhalten.

Sie entdeckte, dass sie hungrig war. Kein Wunder, hatte sie doch den ganzen Tag nichts gegessen. Also zog sie sich wieder an und ging in den Speisesaal hinunter. Sie war ruhig und gleichzeitig aufgewühlt. Der Speisesaal war geräumig, hatte viele Tische, und es spielte eine kleine Jazzkapelle von drei Personen: ein Pianist, ein Bassist und ein Schlagzeuger.

Schöne, ruhige Musik. Sie unterhielt sich mit ihren redseligen Tischnachbarn und stellte sich als Miss Tressa Neele aus Südafrika vor. Wie sie auf den Vornamen kam, weiß sie nicht.

Der Nachname gehörte der Liebhaberin ihres Mannes.

Am nächsten Morgen wurde die Frau wach, als eine Servirerin mit klirrendem Teetablett ins Zimmer kam, beladen mit Bacon, Ei, getoastetem Brot und Juice.

Das Mädchen blieb eine Weile an der Tür stehen, und sie plauderten. Sie informierte sie, dass der Dampf-Pool im Keller für die Gäste gratis sei. Die Frau erwiderte, sie würde sich darauf freuen, ihn zu besuchen. Nach dem Frühstück genoss sie es, in dem luxuriösen Badezimmer zu duschen.

Leben und Kunst sind nicht dasselbe, sagt Mrs Christie zu Mr Kokoschka, doch in gewisser Weise schreiben wir unser Leben. Das lässt sich mit mehr oder mit weniger Fantasie tun. Die Entscheidung liegt bei jedem selbst.

Kokoschka malt mit äußerster Konzentration.

Am nächsten Vormittag ging die Frau hinaus in die fremde Stadt. Die Hauptstraße war, wie die vieler anderer Kleinstädte, grau, trist und nichtssagend. Doch stieß sie auf eine bessere Damenboutique, ging hinein und probierte ein paar Sachen an. Im Spiegel sah sie, dass sie abgenommen hatte.

Sicher zehn Kilo während der aufwühlenden Gespräche. Das machte sie zufrieden. Sie kaufte einen gut sitzenden Mantel. Und einen großen eleganten Hut.

Am nächsten Tag kam sie zurück und erstand Unterwäsche, Strümpfe, mehrere Kleider, Schuhe und einen Koffer. Sie nahm die Gewohnheit an, täglich die Hauptstraße von Harrogate entlangzugehen.

Sie schlug den Kragen des neuen Mantels hoch und zog den Hut tief in die Stirn. Sie war froh, keine Aufmerksamkeit zu erwecken; niemand schien sie zu erkennen.

Zuweilen drehte sie eine Runde durch die kleinen Gassen, hinaus zu den verschlafenen, schneebedeckten Feldern und Bauernhöfen. Woran dachte sie? Vermutlich schrieb sie im Kopf an dem Traktat mit dem Titel *Die Kunst, mit einem Mann zu leben* weiter. Sorge dich um sein Selbstgefühl, es kann zerbrechlicher sein, als du glaubst. Entzieh dich nicht und beschäftige dich nicht mit dir selbst.

Sie wartete auf Briefe.

Von wem? Es kamen keine Briefe, nur die Sendung mit dem reparierten Ring.

Aber sie wartete, und worauf?

Vielleicht, dass Clarissa, ihre tote Mutter, sie in den Arm nähme und sagte, Kopf hoch, mein Mädel, das kriegst du schon hin. Du schaffst alles, was du willst.

Die Toten aber sind tot und lassen selten von sich hören.

Die Frau hatte ihr normales Leben verlassen und den Schritt hinaus in ein anderes, unbekanntes Leben getan. Das schmerzende Bohren ließ im Laufe der Tage nach.

Ihr Bewusstsein schien gespalten. Oder die Wirklichkeit, schwer zu sagen, was von beidem. Sie flanierte täglich durch Harrogate, die Hauptstraße hoch und runter, den Mantelkragen aufgestellt und den Hut in die Stirn gezogen. Stunde um Stunde.

In einer Sonne, blass wie ein Spiegelei.

Eine Brandmauer war zu ihrem früheren Leben errichtet.

Sie schätzte das Zusammensein mit den anderen Hotelgästen. Im Speisesaal erzählte sie unterhaltsam von ihrem Leben in Kapstadt, von ihrer schwarzen Dienerschaft, dem Wetter und der Aussicht vom Tafelberg. Das Jazztrio spielte, sie wurde aufgefordert und tanzte mit einem hochgewachsenen jüngeren Italiener, der vom Leben in Rom sprach.

Sehr viel anders als das südafrikanische; sie verglichen ihre Erfahrungen. Nach dem Dinner spielte sie Bridge mit Oberst Knottingham, der in Indien gedient hatte, und dem Ehepaar Jones aus Manchester und schilderte ihnen, wie man in Kapstadt spielte: kühner und rabiater.

Vielleicht, weil das dortige Dasein stillstand. Fast ständig gewann sie mit ihrer Partnerin Mrs Jones, und ihr gefiel das.

Man schreibt sein Leben. Das war es, was sie tat: sich ein neues schreiben. Es lief gut. Sie hatte viel über Kapstadt zu berichten. Über ihre Villa mit Meerblick. Über ihre vielen ungewöhnlichen Bekannten.

Kokoschka fängt ihre Hände und ausdrucksvollen Gesten ein. Ihre kräftige Nase. Doch vor allem will er das Licht wiedergeben, das auf ihrem Gesicht spielt und einen ständig neuen Ausdruck erzeugt. Licht ist der Schlüssel zum Dasein.

Er malt. Endlich malt er. Und hört zu.

Die Frau, von der diese Geschichte handelt, saß an den Abenden im Zeitungsraum, las in Gesellschaft anderer Hotelgäste in den Blättern und lauschte ihren Kommentaren.

Die spurlos verschwundene Mrs Christie war eine landesweite Nachricht. Tag für Tag berichteten die Zeitungen von dem Wirbel.

Die Polizeikommissare der beiden Nachbargebiete Berkshire und Surrey, Styles lag genau dazwischen, wurden von der Presse aufgesucht und machten widersprüchliche Angaben. Die Nachbarn des Hauses in Styles wurden von den Zeitungen interviewt und hatten, Gott sei Dank, nur Gutes über ihre verschwundene Nachbarin zu sagen.

Doch vollkommen unbekannte Menschen äußerten sich ebenfalls in den Spalten. Eine Bauersfrau. Mehrere Landwirte. Schulkinder. Ein Forstmeister. In ihren Berichten erschien sie bei den Begegnungen als verwirrt, hysterisch und leicht verrückt. Ein Hotelbesitzer trat auf und erzählte, sie hätte in Gesellschaft eines Mannes bei ihm übernachtet.

Und der Morrison wurde am Rand eines tiefen Sees entdeckt. Das ergab gewaltige Schlagzeilen.

Man durchkämmte den See; eine Leiche wurde nicht gefunden.

Nach Mrs Christie wurde eine Suchmeldung veröffentlicht, anfangs nur lokal, später im ganzen Land. Binnen Kurzem suchten Fahrradvereine und Amateurtaucher nach ihr. Nach nur einer Woche waren mehr als fünfhundert Menschen in den Wäldern unterwegs, in freiwilligen, mit Hunden ausgerüsteten Suchtrupps. Es war herzerwärmend zu lesen, dass auch ihre Kollegin Mrs Dorothy Sayers daran teilnahm.

Wo befand sich Mrs Christie? Das Mysterium verdichtete sich. Die fantasievollen Schilderungen von Begegnungen mit ihr nahmen an Zahl zu. Sie schien wie ein Geist durch das Land zu wandern.

Die Zeitungsleser im Hotel stellten verschiedene Hypothesen auf. Mit einem Liebhaber durchgebrannt, meinte einer. Ein PR-Trick von ihr, glaubte ein anderer.

Doch der Polizeikommissar von Surrey — durch die ihm gewidmete Aufmerksamkeit wohl angetörnt — war überzeugt davon, dass sie tot war.

Er war sich seiner Sache sicher und ließ Hunderte

Polizisten aus anderen Teilen des Landes herbeirufen, um das Gelände zu durchforsten. Die Leiche sollte um jeden Preis gefunden werden. Sie hoffte nur, die Männer erhielten einen anständigen Lohnzuschlag. Das hätten sie verdient.

Selbstmord lautete schon bald die dominierende Hypothese.

Die Frau im Zeitungsraum hatte gegenüber der Presse stets eine gewisse Skepsis gehegt. Sie war eine fleißige Zeitungsleserin − auch eine eifrige Kinogängerin und Radiohörerin −, nun aber sah sie ein, dass vieles in den Medien, wenn nicht gar das meiste, reine Spekulation war. Verbreitung von Gerüchten. Und Suggestion. Alles, um die Auflage zu erhöhen. Geld und Konkurrenz.

Als ihre Leiche nicht gefunden wurde, begann das Fabrizieren von Informationen. Ein Kriminalreporter suchte einen bekannten Wahrsager auf, den man ein Taschentuch, das Mrs Christie gehört hatte, berühren ließ. Er konnte berichten, dass sie sich in einer bestimmten Waldhütte in Berkshire versteckte. Die war verrammelt und wurde aufgebrochen. Niemand war darin, aber eine Flasche wurde gefunden, die, wie es hieß, Spuren von Opium enthielt.

Mrs Christie opiumsüchtig?

Manche der Hotelgäste weigerten sich, das zu glauben. Mehrere von ihnen hatten ihre Bücher gelesen und erklärten, sie zu mögen, was wohltat.

Ihr Lehrmeister, der alte Conan Doyle — er hatte aufgehört, Bücher zu schreiben, und war Spiritist geworden — sollte einen Handschuh von Mrs Christie befühlen. Er wies den Gedanken, dass sie tot sei, entschieden von sich. Sie lebt, sagte er mit derartigem Nachdruck, dass man ihm glaubte.

Er sagte, er bewundere ihre schriftstellerische Arbeit.

Lieber Mr Doyle. Für sie ein Höhepunkt im Zeitungsraum.

Ansonsten waren viele Angaben irritierend. Insbesondere die, dass sie ihr eigenes Verschwinden als Reklametrick für ihre Bücher inszeniert haben sollte. Die Frau fand es schäbig und perfide von den Zeitungen, so etwas zu publizieren. Das letzte Buch über den Mord an Roger Ackroyd hatte sie zur Berühmtheit gemacht. Ihr Gesicht wurde täglich abgebildet, was offenbar zur Folge hatte, dass man über Mrs Christie alles nur Erdenkliche publizieren konnte.

Im Zeitungsraum schwieg sie wohlweislich und ließ die anderen Gäste ihre Fantasien ausmalen.

Sie lasen, Mrs Christies Mann sei bei dem von Journalisten umlagerten Haus in Styles eingetroffen, wo er gezwungen war, auf Fragen zu antworten. Armer Kerl, sagte Oberst Knottingham indigniert. Wieso denn armer Kerl, wandte die empörte Mrs Jones ein. Eine berühmte Frau ist für jeden Mann eine Herausforderung, wie Sie ja wohl selbst wissen, Oberst Knottingham. Mrs Christies Mann ist nicht unschuldig. Ich garantiere Ihnen, er hat Rache an seiner Frau im Sinn.

Die Hotelgäste registrierten zu Recht, dass die Schreiberlinge Mrs Christies Mann nicht mochten. Die meisten von ihnen taten es ebenfalls nicht. Sie fanden ihn arrogant, als er versicherte, zwischen ihm und seiner Frau sei nichts Besonderes vorgefallen. *Ach, wirklich nicht?* Mrs Jones' Stimme landete im Falsett. Der Mann lügt, konstatierte sie. Im Stillen gab die Frau Mrs Jones recht.

Sie registrierte mit Zufriedenheit, dass ihr Gatte sie in der Presse »seine Frau« nannte, jedoch auch, dass

er die Wahrheit verschwieg. Sie versuchte, Mrs Jones'
Äußerung für *Die Kunst, mit einem Mann zu leben* in
Erinnerung zu behalten. Insbesondere den Satz, dass
eine berühmte Frau für jeden Mann eine Herausforderung darstellt.

Was tut eine Frau, deren Gatte eine Verbindung
zu einer jüngeren Dame unterhält, es aber nicht ein-
räumt, bevor er dazu gezwungen wird?

Sie hatte gute Lust, Mrs Jones zu fragen, was sie
getan hätte. Sie, die an einen tatkräftigen Biber erinnerte und vermutlich geantwortet hätte, dass *sie ihn*
erschlagen müsste. Wie es Dido bei Aeneas hätte tun
sollen. Wie Charlotte Corday, als sie Marat das Messer
in den Leib stieß.

Sie empfand große Sympathie für Mrs Jones.

Das Licht im Raum ist fein verteilt. Kokoschka trägt
dicke Schichten Farbe auf die Leinwand auf. Er ist
froh, dass sie spricht. Das gestattet ihm, an Farbnuan-
cen zu denken und daran, wie das Licht spielt. Er ist
tief in seine Malerei versunken. Die Leinwand ist mit
einer verschwenderischen Fülle von Farben bedeckt,
und er bringt sie zum Zusammenwirken.

Die Frau las in der Zeitung, die Tochter sei mit einer Polizeieskorte zur Schule gebracht worden, warum denn das?

Sie widmete der armen Miss Carlo in dem von Schmierfinken belagerten Haus einen mitleidigen Gedanken. War es ihr gelungen, die Spekulationen über den Tod der Mutter von Rosalind fernzuhalten?

Sie hoffte es.

Rosalind war nicht leicht zu erschrecken.

Es stellte sich heraus, dass die Nachricht von Mrs Christies Verschwinden auch über die Grenzen des Landes hinaus Verbreitung fand und für Schlagzeilen sogar in der New York Times sorgte. Wirklich absurd. Dass das Verschwinden in der Nachrichtenflaute vor Weihnachten zum dominierenden Thema in der britischen Presse wurde, war eine Sache. Aber im Ausland?

Neue Spekulationen und Bemerkenswertes gab es jeden Tag. In den Kommentaren der Leitartikler. Bei den Lokalreportern. In Leserbriefen. Mrs Jones war nicht die Einzige mit der Hypothese, der Mann könnte seine Frau ermordet haben, das spiegelte sich auch bei manchen Journalisten wider.

Die Ehe sollte Risse aufgewiesen haben, schrieben sie. Es sollte eine andere Frau gegeben haben. Mrs Christie hatte ihrem Mann offenbar die Scheidung verweigert.

Eine grobe Lüge, doch ungefähr das, was man erwarten konnte. Intime Details über ihre Ehe, und jeden Augenblick konnte Miss Neele der sensationslüsternen Öffentlichkeit zum Fraß vorgeworfen werden. Massenmedien banalisieren. Ziehen die Dinge in den Schmutz. Es ekelte sie.

Doch sie selbst befand sich in einem neuen Leben.

Sie lag in ihrem Hotel im Bett. Eines Nachts begann das Geschreibsel ihr plötzlich quälend nahezurücken. Wie sollte sie erklären, dass sie unter dem Namen der Liebhaberin ihres Mannes hier eingecheckt hatte? Deckte man das auf, würde sie in der Presse verspottet und schikaniert werden.

Man würde sie eine Irre nennen. Und eine Lügnerin.

Vielleicht aber steckten ja mehrere Persönlichkeiten in ihr?

Einerseits die normale Frau, die den Schritt hinaus in ein neues Dasein gemacht hatte, um in Frieden gelassen zu werden. Das ist ein menschliches Recht. Sie hatte nichts Sträfliches getan.

Und andererseits Mrs Christie. Der gegenüber sie eine gleichgültige Distanz und Fremdheit empfand, mit der sie aber verwachsen war wie mit einem siamesischen Zwilling.

Kam die Sache der Öffentlichkeit zur Kenntnis, würde Mrs Christie für verrückt gehalten und ins Irrenhaus gesteckt werden. Sie begriff, dass sie das Hotel so schnell wie möglich verlassen sollte. Wie aber konnte sie sich unbemerkt davonstehlen, wenn ganz England auf der Jagd nach ihr war und die Zeitungen Mrs Christies Konterfei unablässig publizierten?

Und wohin in aller Welt sollte sie sich begeben?

Nicht nach Styles, wo offenbar ganze Trauben von Schmierfinken herumhingen. Nicht in die Londoner Wohnung, wo sich Archie befand. Das war unvorstellbar. Langsam wurde das Ganze unbehaglich. Die Brandmauer zur Wirklichkeit fing an zu bersten.

Sie fand sich im Hotel ebenso eingesperrt, wie es die Königin von England war. Sie hatte keinen Ort, wohin sie gehen konnte. Einst hatte sie Archie als ihrem besten Freund vertraut. Wie naiv. Und dumm. Sie hätte schon längst die Kunst erlernen sollen, mit einem Mann zu leben. Was ständiges Misstrauen, Zweifel und Verstellung einschloss.

So aber will wohl niemand leben.

Sie warf sich im Bett hin und her und lotete den Freiraum aus, der ihr zur Verfügung stand.

Er war erschreckend klein. Sie begriff, dass die Freiheit des Menschen nahezu nicht vorhanden war. Allein indem er sich gebären lässt, ist der Mensch an Definitionen und Bedingungen gebunden, denen er nie entkommt.

Sie wiederholte bei sich, wie lange Mrs Christie fort gewesen war. Ganze zehn Tage. Ebenso viel Zeit, wie vergangen war, seit sie als Tressa Neele im Hotel eingecheckt hatte.

Sie musste dankbar sein, dass sie hier noch keiner erkannt hatte. Das schrieb sie ihrem bis dahin unentdeckten Schauspieltalent zu.

Sie lacht leicht, als sie das sagt.

Kokoschka hält sein Gesicht dicht vor die Leinwand, benutzt mehrere feine Pinsel, um ihre Mundbewegungen und die Veränderungen an den Augen wiederzugeben. Seine Unterarme sind mit Farbe bespritzt wie auch die Schürze. Er will Mrs Christies Blick einfangen, mit seinem Bodensatz an Panik. Er will, dass ihr Mund durch die Pinselstriche Bewegung erhält. Er will die hektische Röte ihrer Wangen widerspiegeln. Und ihre ausdrucksvollen Gesten.

Er hat die Leinwand in Farbe getränkt, Blau, Gelb, Rot und Rostbraun, den feinen, weißen Schimmer auf den Gesichtszügen ausgenommen. An ihrer einen Seite eine Vase mit gelben Lilien. Hinter ihrem Rücken die blanke Stuhllehne und die Bücherwand. Die rechte Hand ruht auf der Armlehne. Die linke macht ausladende Bewegungen, die verdeutlichen und unterstreichen.

Das Porträt erhält langsam Leben.

Ihre Blicke begegnen sich einen Moment. Plötzlich sehen sie einander, so wie sie sind.

Er, der Junge im proletarischen Stadtrandviertel von Wien, der ein totes Eichhörnchen betrauert.

Sie, das Mädchen, das mit vier Jahren der Blitz der Liebe traf, sodass es fliehen muss. Es ist ein seltsamer Augenblick.

Zu dem es selten kommt, doch nun ist es der Fall.

Die Grenzen verschwinden. Man ist tief anwesend im Wesen eines anderen. Das kann in einem Londoner Zimmer geschehen.

Oder wo auch immer.

Der Augenblick ist kurz und bereits vorüber, als die Zeit zurückkehrt.

Morgens unterhielt sie sich wie gewöhnlich mit dem Mädchen, das mit ihrem Frühstück erschien. Wie üblich unternahm sie einen Spaziergang auf der Hauptstraße der Stadt. Hinauf und hinunter.

Den Hut tief in der Stirn und mit aufgestelltem Kragen.

Nach dem Dinner spielte sie wie an anderen Abenden Bridge mit dem Ehepaar Jones und Oberst Knottingham. Der Schmerz — das Untier, das sie, den Schwanz erhoben und mit witternden Nüstern, im Blick behalten hatte — hatte sich zurückgezogen.

Es war eine Befreiung.

Doch konnte sie die Unruhe, die vom Zwerchfell aufstieg und ihren Körper durchlief, nicht ignorieren. Eines Nachmittags, als sie in der Bibliothek Gedichte von Keats las, sah sie vom Buch auf, und Archie saß ihr direkt gegenüber.

Frostige Gesichtszüge. Kalter Blick.

Oh, mein Bruder ist ja hier, rief sie Mrs Jones im Stuhl nebenan zu. Sie galt hier als unverheiratet.

Ohne ihr Wissen hatte die Freundin des Pianisten sie wiedererkannt. Die Hoteldirektion hatte Archie angerufen, aber auch die Nachrichtenagenturen.

Ohne sie zu begrüßen oder anzufassen, befahl ihr Archie, sofort ihre Siebensachen zu packen. Sie müssten los.

Nicht widersprechen. Nicht streiten. Die Kanten der Wirklichkeit waren scharf, als sie aufstand, um zu gehorchen.

Als sie mit dem Koffer in der Hand aus dem Zimmer herunterkam, stand er an der Rezeption, hochrot im Gesicht und vor Zorn bebend.

Ein Taxi wartete vor dem Hotel. Er hatte ein separates Abteil für sie beide im Abendzug nach London bestellt. Nun galt es, auf schnellstem Weg zum Bahnhof zu kommen. Als sie auf die Außentreppe hinaustrat, den Kopf unter dem heruntergezogenen Hut gesenkt, wurde sie von Kamerablitzen geblendet. Fotografen und Reporter drängten sich auf der Treppe. Hinter den Fenstern sah man neugierige Hotelgäste.

Ihr zitterten die Beine. Die Demütigung laugte die Glieder aus. Sie meinte aus ihrem eigenen Körper zu rinnen. Der Taxifahrer versuchte ihnen zwischen den Journalisten einen Weg zu bahnen, die mit unverschämten Fragen kamen.

Können Sie bestätigen, dass sie Ihre Frau ist?

Archie versuchte, die Meute gewaltsam wegzustoßen. Er schrie, sie hätte einen Gedächtnisverlust erlitten. Habe nicht einmal ihren Mann wiedererkannt.

Der Taxifahrer hatte wegen der Reporter und Fotografen, die das Auto umringten, Mühe, den Wagen zu starten. Etliche von ihnen stiegen auf die Motorhaube, andere knipsten durch die Autofenster. Noch als sie vom Bahnhof in Harrogate losfuhren, rannten die Fotografen dem Zug wie besessen hinterher.

Archie schäumte vor Wut.

Er forderte, dass sie an der Version, das Gedächtnis verloren zu haben, festhalten sollte. Um den Schein zu wahren. Seinetwegen, der echten Miss Neele wegen und auch ihrer selbst wegen. In London brachte er sie zu verschiedenen Ärzten, die den Gedächtnisverlust sämtlich bestätigten. Ihm gemäß sollte das fernerhin die offizielle Erklärung sein.

Alle glaubten Archies Ärzten außer ein alter Doktor, den sie später aus eigenem Antrieb aufsuchte. Er war der Einzige, der zuhörte, als sie versicherte, nicht das Gedächtnis verloren zu haben. Möglicherweise war sie jedoch in zwei Personen gespalten gewesen, sagte sie.

Der Doktor nannte das Dünnhäutigkeit. Nach seinen Worten war sie der Schlüssel für ihr schriftstellerisches Talent. Dünnhäutige müssten zuweilen eine Mauer zur Wirklichkeit errichten. Ihre Gabe, Dinge zu erfinden, ist eine ausgezeichnete Weise, sich Ihrer Dünnhäutigkeit zu bedienen; fangen Sie sofort mit dem nächsten Kriminalroman an, sagte er.

Eine hilfreiche Diagnose.

Sie machte mich frei von Schuld.

Mrs Christie verstummt. Von diesen Ereignissen hat sie noch niemandem berichtet. Sie hat sie aus ihrem Leben ausgeklammert. Aus ihrer Erinnerung und definitiv aus ihrer Autobiografie. Dann kam die Scheidung. Sie war widerwärtig, davon gedenkt sie nicht zu reden. Das alles machte sie für lange Zeit ihrer selbst unsicher.

Wer war die Frau, die mit Oberst Knottingham und dem Ehepaar Jones voller Vergnügen Bridge spielte? Ruhig und gleichzeitig aufgewühlt, doch mit Vergnügen. Die Frau, die tanzte und die Presse im Zeitungsraum und Gedichte in der Bibliothek las. Und die sich in einer rätselhaften Abwesenheit befand.

Wo ist man während seiner Abwesenheit mitten im Leben?

Abwesenheit, wirft Mr Kokoschka ein und hebt den Blick von der Leinwand, kann verstärkte Anwesenheit bedeuten. Das Unterbewusste hat mit Wichtigerem zu tun.

Abwesenheit ist ein dunkler Raum, in dem das Leben die Richtung ändert. Abwesenheit erfolgte bei mir oft auf wichtige Lebensumstellungen. Sie, Mrs Christie, waren tief davon in Anspruch genommen, ihr Leben zu ändern.

Mrs Christie zuckt mit den Schultern.

Sie hat nichts hinzuzufügen.

Kokoschka stopft die Pinsel ins Terpentinglas und wischt sich die Hände am Lappen ab. Er holt tief und erleichtert Luft. Ich bin zufrieden, erklärt er. Besser kann ich es nicht machen. Sie und ich haben gemeinsam ein blendendes Porträt geschaffen, Mrs Christie. Haben Sie Lust, einen Blick auf das, was ich zustandegebracht habe, zu werfen?

Nein, danke. Sie will das Porträt nicht ansehen.

Und Sie, Mr Kokoschka, sind so freundlich und vergessen, was ich erzählt habe. Es war ausschließlich zwischen uns beiden. Eine Novelle, vielleicht.

Nur zwischen uns, bestätigt Kokoschka.

Wir bedeuten ja nichts, sagt sie und trinkt einen Schluck Wasser. Schon bald sind wir tot.

Wir bedeuten ungemein viel, Mrs Christie.

Wir sind es, die die Dinge auf der Welt miteinander verknüpfen. Wir haben einander ein paar Ereignisse aus unserem Leben erzählt, das war wichtig. Herzlichen Dank für Ihre Zusammenarbeit.

Er kommt ein wenig steif auf die Beine und beginnt seine Malgeräte zusammenzupacken. Was ist mit den Stunden, Mr Kokoschka, in denen man gänzlich außerhalb seiner selbst war? Kokoschka blickt aus dem Fenster und denkt nach.

Da geht es um die Elementarteilchen des Lebens, erwidert er.

VERNISSAGE
UND KURZER EPILOG

Sir Max ruft Mr Kokoschka an und will sie nach der Vernissage zum Lunch einladen. Er möchte hören, ob sie in Bezug auf Essen irgendwelche Vorlieben haben.

Ein Guinness und zwei Bücklinge sind okay.

Und Mrs Kokoschka?

Olda? Sie isst alles, was auf den Tisch kommt.

Nicht gerade Gourmets, sagt Max, als er den Hörer aufgelegt hat.

Das sind wir auch nicht, Max.

Bist du zufrieden mit dem Porträt?

Hab es nicht gesehen.

Agatha! Hast du es dir immer noch nicht angeschaut?

Nein. Bestimmt vortrefflich, aber wir wollen es ja wohl nicht hier zu Hause an der Wand haben?

Wo denn sonst, Agatha?

Hier kannst du mich ja jeden Tag anstarren. Häng es in dein Arbeitszimmer im Museum.

Ursula kommt mit Nüssen auf einem Tablett, auf dem die Sherrygläser klirren. Sir Max erhebt sein Glas und heißt die Gäste willkommen. Kokoschkas farbfleckige Schürze verdeckt das Bild. Er und Olda schütteln einer reservierten älteren Dame die Hand, es ist Mrs Rosalind Hicks, Mrs Christies Tochter.

Dann auch Mathew, dem Sohn von Mrs Hicks, der Mrs Christies einziges Enkelkind ist, ein jüngerer Mann in Jeans und Turnschuhen.

Kokoschka deckt das Porträt ab, indem er die Verhüllung mit einer eleganten Geste forthebt.

Agatha, haargenau!, stößt Max enthusiastisch aus. Ich habe bald vierzig Jahre mit ihr gelebt, ich sollte es wissen.

Meiner Mutter nicht sonderlich ähnlich, bemängelt Mrs Hicks. Der kantige Schädel und das kräftige Kinn, das erinnert mehr an Sie selbst, nicht wahr, Mr Kokoschka? Mrs Hicks hat gehört, dass Maler hauptsächlich sich selbst darstellen, also das haben Sie hier wohl getan?

Kokoschka lacht. Mathew steht schweigend vor dem Bild, die Hände in den Hosentaschen.

Schön, sagt er nach einer Weile und klingt bewegt.

Genau, was ich erhofft hatte. Granny in glänzendster Stimmung. Wunderbar, Mr Kokoschka.

Der Maler richtet den Blick auf Mrs Christie, als Max sie vom Fenster holt und zur Staffelei hinführt. Er hat sich ausgerechnet, dass er nahezu achtzig Stunden in diesem Raum verbracht hat. Diese Stunden und ihre Gespräche sind in dem Porträt niedergelegt. Da gibt es Bruchstücke der Kindheit und Jugend. Enttäuschungen und Verluste. Und eine ganze Menge Liebe.

Ich habe eine immens große Nase bekommen, konstatiert sie nach kurzer Zeit.

Ich mag sie sehr, erwidert Oskar.

Na dann. Jedenfalls erweckt sie den Eindruck, dass ich jemand *bin*, nicht wahr?

Sie verlassen das Haus und steigen in die Taxis, die Max bestellt hat. Es folgt ein fröhlicher und ausgelassener Lunch bei Blondies, wo das Sommerlicht durch hohe Fenster flutet und der Tisch mit Blumen geschmückt ist. Mathew fragt den Maler nach den Geheimnissen des Malens, und Kokoschka erwidert, zuerst gelte es, sich in der Kunst des Menschseins zu üben. Das wäre mehr als der halbe Job.

Agatha prostet jedem Einzelnen zu und besonders lange ihrer Tochter. Nach dem Essen umarmt man einander herzlich draußen auf der Straße. Am Tag darauf fliegen Oskar und Olda heim in die Schweiz.

Der Maler und sein Modell halten noch viele Jahre danach Kontakt. Sie schreiben einander lange Briefe. Nicht eben häufig, doch regelmäßig und immer zu Weihnachten. Agathas Briefe enthalten ständige Einladungen auf das Landgut mit seiner herrlichen Aussicht auf den Fluss Dart.

Dorthin kommen sie nicht.

Sie sehen sich vielmehr niemals wieder.

Alt zu werden, schreibt Oskar an Agatha, ist nicht so übel. Erst da kann man eine Struktur erkennen. Lass uns übrigens einander gratulieren, dass kein Krieg herrscht. Hast du daran gedacht, Agatha, dass jetzt mehr Jahre vergangen sind, als zwischen dem Ersten und dem Zweiten Weltkrieg lagen?

Ich habe daran gedacht, erwidert sie. Soll das eine Garantie sein?

Mein liebstes Mädchen, schreibt Oskar an Agatha, als sie in den Adelsstand erhoben und Dame wird und bei einer feierlichen Zeremonie einen Knicks vor Königin Elizabeth machen soll. Herzlichste Gratulation. Sieh nur zu, dass Du Dich königlich amüsierst, verkühl Dich nicht in Deinem dünnen Abendkleid und pass auf, dass Du nicht über die Schleppe stolperst.

Das Porträt Agatha Christies zu ihrem achtzigsten Geburtstag gehört nicht zu Kokoschkas bekannteren Bildern. Im Gegensatz zu anderen, die er später malte, wie das der Premierministerin Golda Meir nach dem Jom-Kippur-Krieg. Und das von Jerusalems Bürgermeister Teddy Kollek, der einen fruchtbaren Boden für die Freundschaft zwischen Juden und Muslimen schaffen wollte und ihn nach Jerusalem eingeladen hatte.

Der letzte Brief an Oskar und Olda wurde nicht von Agatha, sondern von Max verfasst. Er berichtet von Agathas Tod am 12. Januar 1976 im Landhaus Winterbrook. Sie wurde 86 Jahre alt.

Liebe Freunde, schreibt Max. Das Alter ist nicht immer barmherzig. Agatha, die stets ungewöhnlich klar im Kopf war, verlor sich leider gegen Ende in Nebeln. Eines Tages, als er in die Diele von Winterbrook herabkam, war sie, die Spiegel stets verabscheute, direkt in den großen Standspiegel hineingelaufen, sodass er zersplitterte. Sie saß am Boden und blutete an der Stirn.

Der schneebedeckte winterliche Garten lag hinter den Fenstern.

Agatha, wie zum Teufel ist das passiert?

Weiß nicht, gab sie verwirrt zur Antwort. Sie hatte sich selbst im Spiegel gesehen und war vielleicht vier oder fünf Jahre alt. Das Bild war ganz deutlich. Sie lief in das Glas hinein, um Kontakt mit dem Mädchen aufzunehmen. Genauer konnte sie nicht erklären, was geschehen war.

Max half ihr auf. Sie war während der letzten Jahre unglaublich mager geworden.

Wenig später zog er sie warm an und fuhr sie im Rollstuhl in den Park hinaus. Der Schnee knirschte unter den Rädern. In den Vogelbeerbäumen glänzten tiefrote Beeren. Agatha war entzückt von den Dompfaffen, und er ging ein Stück weiter weg und barg eine gefrorene Traube Beeren für sie.

Als er zurückkam, saß sie friedlich im Rollstuhl und war tot.

Sie waren viele Jahre verheiratet gewesen, in denen sie sein Kompagnon, seine Vertraute und beste Freundin war. Wie Ihr wisst, sind Archäologie und Detektivgeschichten nahe miteinander verwandt. Agatha war eine herausragende Autorin. Wenn Ihr ihr bezauberndes *Come, tell me how you live* lest, bekommt Ihr ein Bild davon, wie intensiv sie an allem teilnahm, was mit einer archäologischen Ausgrabung zu tun hat.

Max will die Gelegenheit nutzen, um zu erzählen, dass er im Begriff stehe, sich erneut zu verheiraten. Mit Barbara, einer langjährigen Kameradin von den Ausgrabungen. Agatha hatte sie geschätzt. Sie sind beide überzeugt, dass sie nichts dagegen hätte.

Oskar und Olda lesen den Brief in ihrem schweizerischen Zuhause mit Blick auf den Genfer See. Sie wandern oft die Hänge über dem See entlang, Olda mit dem Schmetterlingsnetz in der Hand, wenn es der Jahreszeit entspricht. Dort hat Vladimir Nabokov, den sie beide mochten — ganz besonders sein *Speak, Memory* — ein paar Jahre zuvor seltene Schmetterlinge gefangen.

Olda klettert wie eine Gemse. Oskar sitzt indessen ruhig auf dem Hang und betrachtet den wogenden

Teppich der Baumkronen unter sich. Er sieht einen Menschen das Geäst auseinanderbiegen und aus der Krone hervortreten. Und wieder verschwinden.

Er sieht oft solche Dinge ohne Erstaunen.

Vier Jahre nach Agathas Tod verstirbt der sechsund-
neunzigjährige Oskar Kokoschka in der Klinik von
Montreux. Es ist im Februar 1980. Noch während seiner letzten Tage spricht er von Bildern, die er malen
will. Das Innerste der Welt besteht aus Licht, Farbe
und Musik. Doch hat ihn die Sehkraft im Stich gelassen, er ist blind geworden.

Während seiner letzten Stunden lauschen sie am
Kassettenrekorder Gustav Mahlers *Lied von der Erde*.
Olda sitzt im Stuhl neben seinem Bett und hält seine
Hand.

Von beiden Seiten eines breiten Flusses schauen
junge Männer und Frauen einander an, beschäftigt
mit dem Rätsel der Zukunft und dem Mysterium des
Lebens.

Das üppige Grün der Bäume, fließende Spiegelbil-
der im Strom. Die Fülle des Lebens.

Sie hören die letzten Töne verklingen.

Jetzt ist es bald zu Ende, sagt Oskar, und was habe ich im Leben getan? Ich wollte, dass sich meine Motive bewegen. Ich wollte meine Modelle zum Sprechen bringen, damit sie vergaßen, dass man sie porträtierte. Das hat nichts mit intimen Bekenntnissen zu tun. Nur mit dem eigentlichen Inhalt des Bildes. Der im Bewusstsein bleibt und sich im Traum zeigt.

Vor Mitternacht tut er den letzten Atemzug. Danach steht Olda am Fenster. Sie presst die Stirn gegen das Glas. Licht fällt aus den Gebäuden am Ufer. Blauschwarze Wolken ziehen von Westen her auf. Streifig von starken violetten Pinselstrichen. Weiße Blitze durchkreuzen den Himmel.

Gleich darauf ertönt Donner, überwältigend wie Mahler. Grollt über dem Genfer See. Die Lichter am Ufer erlöschen. Es dröhnt und vibriert von Trommeln und Pauken.

Olda sieht eine erstarrte weiße Landschaft. Dann wird es wieder dunkel, und aufs Neue erfolgt ein Dröhnen. Der Donner wälzt sich von einem Seeufer zum anderen. Bewegt sich wie ein schweres wütendes Wildtier.

Sie lehnt die Stirn ans Fenster.

Ein großer Wagen, denkt sie. Eine Trauermusik. Eine Huldigung. Ein großer Wagen aus Musik, der kommt, um uns heimzuholen. Trompeten, Posaunen und Zimbeln.

Tove Jansson

Fair Play

Aus dem Schwedischen von Birgitta Kicherer
121 Seiten, gebunden mit Schutzumschlag

Mari und Jonna, zwei Künstlerinnen, zwei Ateliers — verbunden durch einen Gang auf dem Dachboden. Tag für Tag, Jahr für Jahr leben und arbeiten sie Seite an Seite, in Helsinki, auf einer abgelegenen Schäreninsel oder auf Reisen durch Europa und die USA. Immer geleitet vom gegenseitigen Respekt, verlieren sie nie aus dem Blick, wie sie die Kreativität der anderen unterstützen können. *Fair Play* ist der letzte und vielleicht persönlichste Roman Tove Janssons, der Schöpferin der weltweit bekannten Mumintrolle.

»Fairness und die Freude am Spiel stehen im Zentrum dieses reizvollen Romans, der in siebzehn vibrierenden Schnappschüssen ein gemeinsames künstlerisches Leben beschreibt. So erfrischend wie ein Bad im kalten finnischen Meer.«

The Guardian

Tove Jansson

Die Tochter des Bildhauers

Aus dem Schwedischen von Birgitta Kicherer
127 Seiten, gebunden mit Schutzumschlag

Was der Goldene Schnitt ist oder wie ein Wald gemalt werden muss, wie man Feste feiert und was man Künstler unter keinen Umständen fragen darf – über all das weiß die Tochter des Bildhauers haargenau Bescheid. – Nicht umsonst schläft sie in der elterlichen Atelierwohnung auf dem »Schlafregal« und behält den Überblick.

Eine faszinierende, eigenwillige Welt tut sich in den Kindheitsepisoden der begnadeten Erzählerin Tove Jansson auf, die den Leser unmittelbar verzaubert.

»Jede Veröffentlichung eines weiteren Buches von Tove Jansson ist ein Grund zum Feiern. *Die Tochter des Bildhauers* ist ein kleines Juwel – dunkel, wunderschön, in zurückhaltendster Prosa.«

Evening Standard